2023

黑龙江省社会科学学术著作出版资助项目

2023 年度黑龙江省省属本科高校基本科研业务费科研项目

现代虚无主义的
历史唯物主义批判

李　娟●著

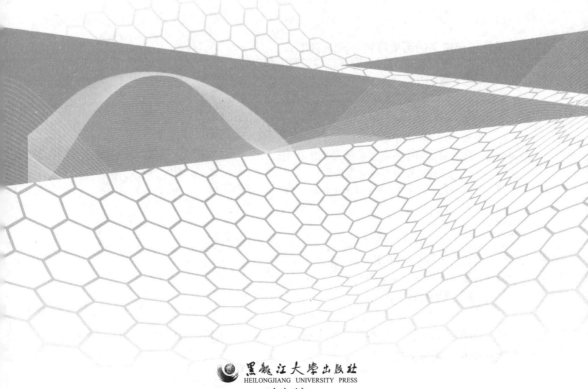

黑龙江大学出版社

HEILONGJIANG UNIVERSITY PRESS

哈尔滨

图书在版编目（CIP）数据

现代虚无主义的历史唯物主义批判 / 李娟著 . -- 哈
尔滨：黑龙江大学出版社，2023.12
ISBN 978-7-5686-1058-2

Ⅰ . ①现… Ⅱ . ①李… Ⅲ . ①虚无主义－历史唯物主
义－批判－研究－中国 Ⅳ . ① K092.7

中国国家版本馆 CIP 数据核字（2023）第 245168 号

现代虚无主义的历史唯物主义批判
XIANDAI XUWU ZHUYI DE LISHI WEIWU ZHUYI PIPAN
李　娟　著

责任编辑　赵　晶　罗　康
出版发行　黑龙江大学出版社
地　　址　哈尔滨市南岗区学府三道街 36 号
印　　刷　三河市铭诚印务有限公司
开　　本　720 毫米 ×1000 毫米　1/16
印　　张　11
字　　数　159 千
版　　次　2023 年 12 月第 1 版
印　　次　2023 年 12 月第 1 次印刷
书　　号　ISBN 978-7-5686-1058-2
定　　价　45.00 元

本书如有印装错误请与本社联系更换，联系电话：0451-86608666。

前　　言

　　虚无主义是现时代人类所遭遇的一个根本性的精神困境,它是一个伴随着现代化的不断推进逐渐凸显的现代性问题。从尼采疾呼"上帝之死"一语中的地揭示了现代虚无主义的本质,把西方根深蒂固的虚无主义传统推至极限,到两次世界大战使理性主义神话破灭,西方传统社会为人们提供生活的意义和终极关怀的本体论支撑不复存在,为此西方人陷入信仰的失落和无意义的精神处境之中,特别是在"物化的时代"、"以物的依赖性为基础的人的独立性"的现代社会,"物"变成"神圣形象"解体后的"新的神圣形象",现代人无可避免地遭受资本逻辑的宰制,呈现出诸多虚无主义精神症候,如精神的焦虑、崇高价值的失落、享乐主义的侵蚀、功利主义的流行等等,最终形成物化的价值观与信仰观。由于物本身并不具有真正的超越性,因此,现代人又不可避免地遭遇了虚无主义。如何克服这一根本困境,寻求人类赖以安身立命的稳固的"阿基米德点",已经成为当今时代需要迫切解决的重大理论问题与焦点性的现实问题。

　　现代西方虚无主义批判呈现出不同的理论视角和超越路径,西方哲学家们分析了现代虚无主义与形而上学的内在关联,揭示出虚无主义已经成为现代性物化社会的精神困境,并表现出超越虚无主义的内在渴望。他们的思想资源和致思理路,对于我们进一步充分理解虚无主义的内涵、深入挖掘虚无主义的根源和探寻超越虚无主义的可能性路径,无疑具有积极的借鉴意义,但是,他们始终无法解决人的安身立命之本的问题。马克思敏锐地洞察到虚无主义这个现代性的根本困境,虽然马克思并没有直接提出"虚无主义"这个概念,但是,作为马克思的宝贵遗产——历史唯物主义,不仅可以为我们深刻揭示虚无主义产生的根源提供理论指导,也能为我们真正破除虚无主义的困境提供实践路径。

历史唯物主义对虚无主义问题的研究具有独特的思想价值,为分析、批判和超越虚无主义提供了重要的理论依据和思想框架,具体体现为:第一,历史唯物主义是奠基在实践基础上的现代新唯物主义,彻底瓦解了传统形而上学的思想基础,打破了统治全部人类历史的唯心主义观念论,把人从抽象化的世界中解放出来,把人的现实生活世界归还给人本身,内在蕴含着一种彻底的无神论特质。第二,历史唯物主义作为现代性资本主义社会的批判理论,实现了从"解释世界"到"改变世界"的重大变革,马克思关注现实的个人及现实的物质生产和实践活动,对资本主义制度、人的异化或物化生存处境进行了无情的批判,就是要彻底推翻侮辱、奴役、遗弃、蔑视人的一切关系,揭露人类现实生活世界的真实处境及其根源,最终实现人类的解放,完成自然主义与人道主义的统一。第三,历史唯物主义与辩证法相互支撑,辩证法作为一种对人的生命存在的自我理解的理论,是对人生态度与价值理想的辩证理解,从根本上超越了西方传统形而上学两极对立的知性思维和旧唯物主义的物本化的控制论思维,具有很强的包容性、开放性和指向性。第四,历史唯物主义通过对人类生存与发展的关切所表达的关于人的解放和自由而全面发展的真理,同时也敞开了崇高而神圣的精神境界,具有无限的和绝对的意义指向性。科学的共产主义,是立足于人自身内在超越的终极关怀,是理想性与现实性的统一,是真理性与价值性的统一,从而实现了对虚无主义的超越。

本书立足于历史唯物主义,在考察和反思"物化的时代"与现代人的生存处境的基础上,以"历史唯物主义如何超越虚无主义"作为贯穿全书的问题意识,以对历史唯物主义的当代理解和阐释作为理论意识的自觉。采用理论研究与实践分析相结合、批判性分析与建构性理解相结合、历史与逻辑相统一的方法。马克思哲学对现代虚无主义的批判及超越,包含着四个本质维度,即思想史的维度、现实性的维度、批判的维度和理想性的维度,四个维度同时构成历史唯物主义的主要内容。首先,从思想史的维度阐释和分析历史唯物主义通过对传统形而上学的批判,揭示虚无主义产生的思想基础。其次,从现实性的维度分析和说明历史唯物主义通过对现代社会生活基础的反思,揭示虚无主义产生的现实根源。再次,从批判的维度,从对传统有神论的批判到彻底的无神论批判,从对物化的批判到人与人社会关系的批判,从对政治经济学批判到资本主义制度批判,也必然包含对现代性的批判,正是在对"一切无情的批判"中实现了对虚无主义的批判,也同时建构起超越虚无主义的现实路径。最后,从理想性的维度说明历史唯物主义具有内在的价值旨趣和人文关怀。马克思的辩证法从实践活动出发,以人的生命本性为基础,蕴含着一种生命的价值态度和生活样式,表达了积极的人生理想和价值境界。同时,历史唯物主义并不是"没有灵魂"的物质主义,也不是追求物质享受的纵欲主义,它是一种全新的信仰理念即科学的社会主义或共产主义的价值理想,是人们对美好生活的憧憬与展望,是人们崇高和远大的精神追求,具有重要的人文关怀价值和积极的引领意义。

马克思对虚无主义问题的洞见,始终贯穿于马克思所实现的哲学变革以及社会历史的批判之中,也正是在对一切无情的批判中寻求超越虚无主义的可能性。同时,对这一问题的研究也更加彰显出马克思哲学变革的基本旨趣和思想内核,特别是马克思所确立的历史唯物主义在当代哲学中发挥的强大思想效应和重要地位。就此而言,立足于当代历史唯物主义的理论反思和批判现代虚无主义不仅具有独特的思想价值,而且对于现代信仰的重建也具有重要的启示意义。

目　　录

绪　　论

　　追求有意义的生活是人的内在本性,"如何认识自我""如何生活"的主题始终是人的应然性追求。在生活中,有太多为了追求真理、道义、情感、信仰等而不惜献出宝贵生命的案例。伴随着现代社会"物"的涌现,人与周围世界的古老关系、人的价值取向也随之产生结构性的矛盾,固有的意义世界失落了,一些人陷入无意义的精神处境,虚无主义不期而至。那么,如何理解现代虚无主义?如何寻求到理想信念的"阿基米德点",走出虚无主义的困境?马克思所确立的历史唯物主义对于我们批判和破解虚无主义具有怎样的意义和价值?这些问题已经成为当今时代迫切需要解决的重大理论问题与焦点性的现实问题。

第一节　基于历史唯物主义视域批判现代
虚无主义的缘由及其重要意义

　　虚无主义是一个伴随着现代化不断推进逐渐凸显的现代性问题,有着深厚的历史根基。虚无主义被认为是一种灵魂伴生物,现代文化虚无主义日益娱乐化、庸常化,已失去了反抗的力量。从理论方面来看,虚无主义产生的思想根源在于西方传统形而上学,从古希腊哲学的自然本体论,到中世纪神学的本体论,经过文艺复兴,西方文化日益欣欣向荣,但是,西方的精神信仰反而走向失落。正是由于西方人对"本体论"的寻求,追求绝对的"一",以"理念"和"上帝"为代表的最高价值的罢黜,使得人们的精神信仰逐渐失落,一切变得无意义。从现实方面来看,在"物化"的时代,人的精神生活遭遇世俗化、物化和失序化的普遍境遇,"物"变成"神圣形象"解体后的"新的神圣形象",资本的绝对在场,使部分人无可避免地受资本逻辑的宰制,形成物化的价值观与信仰观,人的类本质和社会本质丧失,"物"本身不具有超越性、内在性与意义性,必然导致虚无主义。中国的传统崇尚实际并且注重现实,本来很难产生虚无主义问题。中国与西方文化传统不同,中国人强调天人合一,在这种"和"的思维方式下,更多的只是在现实生活世界寻找可以依托的价值,而很少关注"彼岸"的更高价值。尽管在老庄哲学中,"道"具有超脱于世俗之外的意蕴,但也绝不是一种最高价值和终极的信仰的"理念"或"上帝"。然而,随着经济全球化的扩展,我们也在一定程度上面临着虚无主义的影响,在一些人身上甚至出现了现代精神生活危机,这值得引起足够重视。

当今物化的时代,物质财富不断积累,信息科学技术加速发展,人的精神生活的问题非但没有从总体上得到改善反而更加严峻,诸如信仰的缺失、精神的焦虑、形而上的迷失、意义的失落和人与自我的疏离等一系列问题接踵而至,虚无主义这个最可怕的客人降临。形而上学和超验性存在的拒斥,现实的世俗化和物化的社会生活,不断改变着现代人的价值观和信仰观。拒斥崇高、崇尚物化、相对主义的盛行,成为虚无主义的信条。

一、历史唯物主义视域对批判现代虚无主义的独特思想价值

第一,历史唯物主义是人们理解世界的基本观点和看法,即历史唯物主义是世界观和方法论。

旧唯物主义世界观是基于对象或直觉的原则来理解世界的,唯心主义世界观是从抽象的、能动的原理来认识世界,而马克思的新唯物主义

世界观是以人的感性活动为原则来理解世界的,这与旧唯物主义和唯心主义有着根本的区别。正是基于人的感性活动,马克思主义哲学超越了以往一切通向神秘主义的旧哲学,实现了从"解释世界"到"改变世界"的哲学革命。也就是说,以"人的感性活动"为原则,反思现实的人的真实处境及历史发展的客观规律,在人的现实生活及实践中理解人与世界的关系,才是历史唯物主义所表达的真实内涵。马克思认为,"凡是把理论引向神秘主义的神秘东西,都能在人的实践中以及对这个实践的理解中得到合理的解决"①。实践是一切理论的出发点和落脚点,先验论只能造成神秘主义,陷入唯心主义,并不能真正说明理论的根源。历史唯物主义在理论基础上瓦解了西方传统形而上学的虚无主义根源,打破了认为直观和抽象观念统治人类历史的哲学神话,进而深入到"本质的那一度中",从资本主义社会历史现实的物质生产关系的角度,深入分析虚无主义产生的现实根源,打破了物质生产关系的现状,从而寻找医治虚无主义的药方。

第二,历史唯物主义作为现代性批判理论,是在对资本主义社会的"一切无情的批判"中建立起来的。

当今时代,伴随着现代性的不断扩张,现代性所蕴含的内在矛盾日益尖锐。经济危机、贫富分化、生态危机、能源危机等一系列世界性问题,日趋加剧着社会的风险和挑战。马克思从资本主义社会批判的视角,对现代社会现实基本矛盾的洞见和揭示,具有独特的思想力度与价值。虚无主义是一个现代性问题,必然需要从中汲取丰富的思想资源。历史唯物主义认为,资本逻辑是导致现代虚无主义的必然结果,正是在对现代人类的存在状态及精神总体性的批判中,马克思深刻揭示出在资本主义制度下,现代人的生存处境与社会异化的真实处境,要改变这一状况,必须对资本主义制度进行批判,使物化向人化转变,从而促进人的

---

① 中共中央马克思恩格斯列宁斯大林著作编译局.马克思恩格斯选集:第一卷[M].2版.北京:人民出版社,1995:56.

解放和自由而全面发展。

第三，按照历史唯物主义的基本观点，"不是意识决定生活，而是生活决定意识"①。

在《德意志意识形态》中，马克思通过对费尔巴哈、鲍威尔和施蒂纳的批判，论述了物质资料生产在社会生活中的决定作用，否定那种"从天国降到人间"的唯心史观，而是要立足于现实的人及现实的生活世界，着重考察物质生产和物质交换关系。马克思认为，思想、观念和意识是在一定的物质条件下生产活动的产物，意识不是凭空产生的，而是人们现实生活的反映，并且随着人们物质生活条件的变化而变化发展，人们在现实的生活过程中，在改变客观物质条件的同时，也在不断地改变人的主观世界，丰富着人的精神生活。"意识在任何时候都只能是被意识到了的存在，而人们的存在就是他们的现实生活过程。"②马克思始终关注的是人类的感性经验世界，而西方传统形而上学的思维方式，总是遗忘了人及人的生活世界。回归于现实的生活世界，现实的人是生活世界的主体，从"现实的个人"出发，通过人的物质生产实践活动来考察和把握人的存在方式及人类社会发展的进程是历史唯物主义的基本立场。社会生活本质上是实践的，马克思从实践观的基础上赋予了人真正的自我创造和自我改变的能力。因此，对于现代虚无主义问题的研究应回归于现实的生活世界，在人自身的存在与发展中加以把握。

第四，历史唯物主义具有内在的价值旨趣和人文关怀。

马克思所确立的实践观点，在对当代社会生活的总体理解中，从根本上超越了传统形而上学中对人与世界关系理解的主体与客体的二元对立的知性思想框架，从而以辩证的思维方式理解人及人的生活世界。马克思的辩证法不仅仅是一种认知工具和中性的概念，它把个体与社

---

① 中共中央马克思恩格斯列宁斯大林著作编译局.马克思恩格斯选集:第一卷[M].2版.北京:人民出版社,1995:73.

② 中共中央马克思恩格斯列宁斯大林著作编译局.马克思恩格斯选集:第一卷[M].2版.北京:人民出版社,1995:72.

会、历史与未来、有限与无限等联通起来,内在蕴含着一种生命的价值态度和生活样式,它表达着一种人生理想和价值境界。历史唯物主义敞开了一种全新的信仰理念,即共产主义信仰,它是理想性与现实性的统一,是真理性与价值性的统一,是立足于人自身内在超越的终极关怀;共产主义信仰作为一种崇高的理想和终极追求,能够在理想与现实之间、神圣性与世俗性之间保持一定的张力,因此是虚无主义的最终超越。

二、基于历史唯物主义视域批判现代虚无主义的重要意义

首先,历史唯物主义对虚无主义的批判为精神家园的建构指明了方向。精神生活是人类生活的基本领域之一,是人类生命获得意义和价值的重要生活状态,人不仅需要物质生活保障好感性的肉体存在,更为重要的是还需要安顿好意识的精神存在。马克思认为:"只有精神才是人的真正的本质。"①精神生活能够赋予人生以意义,使人有一种内在的力量,不断地超越物质生活的限制,找到终极价值的关怀,从而在不断地追寻中提升人的生存境界。

现代虚无主义本质上就是精神的危机。功利主义、拜金主义、消费主义等的流行,其深层次的本质,是人生意义的失落、终极价值的缺失,由此产生的孤独、焦虑、荒谬等等。按照历史唯物主义的观点,思想观念、精神生活的问题是人的生存处境和现实生活世界的反映,它并不是单纯的精神意识的问题,而是被归结为社会生活的现实问题。那么,对于现代虚无主义问题的解决则要诉诸实践活动,创造条件改变现实生活的实际状况。根据马克思的历史唯物主义,物质生产资料对人的生存和社会生活的发展具有基础性的意义。作为对象化的实践活动,它所表现出的一定的直接现实性和自觉能动性成为改善人类物质生活和精神生活的现实力量,为人的全面发展和自由个性的实现提供了不可或缺的物

---

① 中共中央马克思恩格斯列宁斯大林著作编译局.马克思恩格斯文集:第一卷[M].北京:人民出版社,2009:204.

质基础。而现代社会，物化之所以表现出来异化的性质，乃是因为物化与资本主义私有制的结合，这必然造成信仰的虚无和精神的无意义，虚无主义是现代资本主义社会的必然结果。在马克思看来，要改变物化所造成的感性化，摆脱享乐主义和利己主义的侵蚀，就必须依赖于社会基本关系的整体性变革。

按照历史唯物主义的观点，精神生活自由的实现不是随心所欲的，只有在普遍的和客观的规定性中，才能得到真实的表现和确证。社会性，创造和丰富着人的本质和人的精神生活。在现代社会，个人受到抽象物的统治，精神生活呈现物化和个体化的趋势愈加明显，"有个性的个人"和"社会化的个人"也日趋成为"原子化的个人"、"偶尔的个人"和"狭隘的利己主义的个人"。在马克思历史唯物主义看来，必须对"非神圣形象的自我异化"进行无情的批判，改变现代性社会物化和个体化的社会关系，将个体化与社会化统一起来，彰显劳动的社会属性，将物的独立性和个性变为人的独立性和个性，使人的本质力量得到提升，人的精神生活摆脱个人内在意识和主体形而上学的偏执，从而使"个体化的人"向着"社会化的人"转变，敞开内在的丰富性和普遍的自由性。尽管现代社会形而上学的抽象存在不断地产生新的形式，但是要想超越精神生活的现代性困境，依然需要继续深化和拓展历史唯物主义对精神生活批判的当代视域。

在现代社会超越虚无主义，重建精神家园，不仅依赖于物质生活水平的极大改善，还依赖于社会制度的创新与核心价值观念的建设。在现时代，无论是资本逻辑对现实的人及社会生活的宰制，还是拜物教的盛行，它们都深深地根植于资本主义制度之中，这是造成部分现代人陷入虚无主义的总根源。在历史唯物主义看来，只有变革资本主义由"资本的逻辑"所主宰的制度框架，改变西方资本主义社会所鼓吹的虚假价值观念，内在地超越那种西方中心主义的狭隘视角，才能使人真正地高尚起来而获得真正的精神自由。同时，历史唯物主义揭示了社会历史发展的客观必然性，不仅为人类实现自由而全面发展开辟了一条科学的真理之路,而且也为人类的精神生活树立了内在超越的新的信念和新的境界。科学的社会主义或者共产主义作为对资本主义制度的扬弃和超越,需要在改革和开放的实践中,改变资本主义那种奴役人的社会关系,创新更加合理、有序、和谐的制度文明,同时吸收自身优秀传统文化的宝贵资源,创造有别于资本主义的核心价值理念,才能更好地塑造精神家园。

其次,有利于推进马克思主义哲学的理论创新。任何一种理论,都不是完全脱离于时代的凭空幻想,而是它所处时代的反映和产物。在马克思看来,"任何真正的哲学都是自己时代的精神上的精华"①。这启示我们,马克思主义哲学并不是一成不变的教条主义和绝对真理,它本身具有丰富性、开放性和实践性,它反映时代内容,直面时代主题,解决时代难题。虚无主义作为西方思想文化遭遇的重大的现实问题,并且越来越成为这个时代根本性的精神文化困境。马克思曾走出思辨的形而上学,直面现实的生活世界和人的生产实践活动,深刻分析和批判了拜物教和资本逻辑,如何将马克思主义哲学放置于整个现代哲学史中,探讨和把握虚无主义问题,结合现时代的新特征,给出具有说服力的理论表达,彰显马克思主义哲学与时俱进的理论品质,发挥马克思主义哲学强大的生命力和感召力,拓展马克思主义的现代史观,这是当代马克思主义者的历史使命。

最后,有利于深入理解和克服中国现代化进程中所遭遇的精神文化挑战,更好地促进中国特色社会主义伟大事业的顺利进行。中国式的现代化道路,是中华民族在特定的历史背景下选择的一条不同于西方的现代化道路,"既有各国现代化的共同特征,更有基于自己国情的中国特色"②。在现代化进程中,一方面是中国式现代化道路的特殊性,另一方

---

① 中共中央马克思恩格斯列宁斯大林著作编译局.马克思恩格斯全集:第一卷[M].2版.北京:人民出版社,1995:220.

② 习近平.高举中国特色社会主义伟大旗帜 为全面建设社会主义现代化国家而团结奋斗[EB/OL].(2022-10-25)[2023-10-25].https://www.gov.cn/xinwen/2022-10/25/content_5721685.htm.

面是中国式现代化道路与其他国家现代化的共性,在现代化的实践进程中,我们也可能要面对虚无主义问题。在全球化背景下,伴随着经济和科技的加速发展,一方面,人们的独立意识、竞争意识、效率意识和开拓创新精神得到加强,个体的精神自觉和主体意识明显提升;另一方面,在经济全球化日益深化的当下,个体价值选择的矛盾和冲突增多,价值观和信仰观也在各种新与旧、内生与外因的思想观念的碰撞下受到冲击,人们的精神生活呈现出一系列的问题。市场经济的发展及利益的多元化,造成了个体产生诸如孤独、焦虑、无意义感等情绪体验。人民群众作为中国特色社会主义现代化事业的建设者,他们的精神状态、价值感受和心理体验如何,不仅直接影响他们对生活意义的诠释和追求,也关乎他们为伟大事业不懈奋斗的积极性、能动性和创造性的有效发挥。解决好虚无主义问题,有利于更好地培育和践行社会主义核心价值观,坚持"以人为本"的科学理念,合理调整和引导个体的道德观念和行为规范,促进当代人类共同的精神家园的建设。

第二节　虚无主义研究的状况及述评

一、国外虚无主义研究现状

虚无主义是一个不断发展的历史演进过程,起初发生在欧洲资本主义社会,19 世纪以来,随着现代化进程的不断推进,虚无主义的本质、根源以及如何超越问题越来越受到人们的关注和重视。现代西方社会所流行的功利主义、拜金主义、消费主义、个人主义等等都与虚无主义有着千丝万缕的内在联系。西方现代哲学家克尔恺郭尔、尼采、海德格尔、萨特、加缪以及后现代哲学家都曾对虚无主义问题进行过相关论述和分析,并且从关注的不同角度,表达了各自对于虚无主义问题的不同理解。

目前,国外学者对虚无主义问题的研究主要集中在如下几个方面:

一是对现代虚无主义进行了分类,来进一步分析和说明现代虚无主义的内涵、本质及其发展趋势。

虚无主义作为一种现代社会的现象,它的极端发展与表现主要发生在 19 世纪之后。美国学者尤金·诺斯在《虚无主义:现代革命的根源》一书中,主要以编年史的方式描述了法国大革命以来西方虚无主义的辩证发展。诺斯将虚无主义分为四种形态,即自由主义、实在主义、生机主义和毁灭主义,并且认为四种形态是相互关联的辩证关系。在他看来,自由主义是虚无主义辩证法的第一个阶段,是旧秩序的最后一种形式,为虚无主义埋下了种子;绝对真理和信仰的空虚化为虚无主义辩证发展的第二个阶段的“实在主义”准备了条件,他认为实在主义是人的感觉经验与科学实证对人的生命存在的规训和统治;而通过对实在主义的抵制,虚无主义辩证发展的第三个阶段就是“生机主义”,生机主义以生命的自然存在代替了超自然存在,以生命对抗上帝,最极端的表现就是“毁灭性的虚无主义”。在诺斯看来,以生命对抗上帝,并没有带来对生命的肯定,而是带来了最大的灾难。诺斯基本上是以基督教信仰的立场理解西方现代虚无主义的基本面相。与诺斯不同,另一位美国哲学家唐纳德·A.克罗斯比却主要从哲学的角度对西方虚无主义内涵及实质进行了分类说明。在他撰写的《荒诞的幽灵:现代虚无主义的根源与批判》中,克罗斯比把虚无主义主要分为五种形式,即政治的虚无主义、道德的虚无主义、认识的虚无主义、宇宙的虚无主义和存在的虚无主义,并且着重说明了关于存在的虚无主义,他认为,存在的虚无主义是最基本、最具包容性的一种形式,而其他的形式最终都要指向它。克罗斯比的存在的虚无主义是指“人的生命是毫无意义和荒谬的”。另一方面,克罗斯比反驳虚无主义者所提出的各种观点,并坚持认为,在某种程度上,存在着一种介于非宗教的确定性和认识论虚无主义之间的中间地带。克罗斯比为我们超越虚无主义处境提供了一个合理的理由,然而,他并没有告诉我们如何超越虚无主义。到了 20 世纪,现代虚无主义已经呈现出平庸化的趋势。凯伦·L.卡尔在其著作《虚无主义的平庸化——20世纪对无意义感的回应》中,将虚无主义分为五种形式,即认识论的、真理论的、本体论的、道德论的和价值论的虚无主义。他注重探寻这五种形式之间复杂和内在的关联,并且选取了三个最具代表性的人物尼采、卡尔·巴特和理查德·罗蒂的思想,分析虚无主义所产生的危机以及提出20世纪如何回应虚无主义问题的主要路径,有着自己独到的见解。在卡尔看来,虚无主义是不可能被清晰描述的,它本身也非一种哲学立场,虚无主义最好被描述为一种观点或视角,它是一个思想家全部思想中最具反思性的部分的基础。[①] 卡尔指出,对虚无主义的非批判性接受是后现代主义在其对立的教条主义中的结束。他在结语中说道:平庸化的虚无主义的最终结果绝不是平庸的。[②]

二是基于尼采和海德格尔对于虚无主义相关研究的问题领域,揭示虚无主义产生的根源及其超越路径。

在尼采和海德格尔之后,海德格尔的弟子汉斯·约纳斯、洛维特和列奥·施特劳斯对虚无主义的思考,有助于我们进一步理解虚无主义。汉斯·约纳斯把虚无主义视为现代文化危机的根源。在《诺斯替主义与现代虚无主义》一文中,约纳斯把现代虚无主义的起源追溯到了科学革命时期,随着现代科学的兴起,人与自然的和谐就彻底地被搁置了。他认为,虚无主义的根源就是人与世界之间的二元对立。在他看来,现代虚无主义与古代的诺斯替主义具有极大的相似之处:都是对意义危机的深刻表达,都阐释了人类精神家园的失落。由此,生存世界与意义世界之间的联系断裂。约纳斯发现了文化深处的"伦理真空",这成为海德格尔存在主义的现代虚无主义的最有力的表达。因此,约纳斯强调要回归传统,恢复人与自然的伦理关系,以此克服虚无主义。洛维特在他的

---

① 凯伦·L.卡尔.虚无主义的平庸化——20世纪对无意义感的回应[M].张红军,原学梅,译.北京:社会科学文献出版社,2016:33-34.

② 凯伦·L.卡尔.虚无主义的平庸化——20世纪对无意义感的回应[M].张红军,原学梅,译.北京:社会科学文献出版社,2016:201.

成名著作《从黑格尔到尼采》中认为,尼采是第一个能够掌握欧洲时代命运的哲学家,他预见到了"欧洲虚无主义"的兴起,并且认为尼采对"虚无主义的自我克服"是一条从基督教的历史走出的出路,"意志最终自己拯救自己",最终成为永恒的复归。也就是说,洛维特完全认同尼采对虚无主义的本质的判断:最高价值的自行罢黜。但另一方面,洛维特认为,尼采的虚无主义只是他那个时代的一个理论预言,是20世纪才开始在德国乃至整个欧洲流行的一个精神政治事件。此外,洛维特还论述了尼采运用高超的心理学技巧阐述了虚无主义的历史渊源及其在科学与艺术、哲学与政治中的表现。施特劳斯反对洛维特全面接受尼采的虚无主义判断,施特劳斯认为,对于战后的德国来说,尼采在所有德国哲学家中具有最大的影响力,并且对德国虚无主义的出现负有最大的责任。施特劳斯在他著名的《德意志虚无主义》一文中,结合当时德国的政治思潮,对德国虚无主义展开批判。施特劳斯把虚无主义理解为"意欲虚无",即意欲万物的毁灭,在他看来虚无主义是一种军国主义,德意志虚无主义的最终动机并非包括人自身在内的万物的全部毁灭,因为"德国虚无主义并非绝对的虚无主义"①,它针对的是现代文明的道德意义的毁灭而非现代技术和武器装备的毁灭,其实质是一种人类中心主义。因而从这个定义出发,施特劳斯认为,尼采不仅是虚无主义的宣称者,更是虚无主义的实施者,他使人们从拒斥现代文明走向拒斥文明本身的原则。并且施特劳斯认为,只有在德国才存在虚无主义,而通过虚无主义可以更好地描述德国精神颓废的状态。施特劳斯对虚无主义的理解源自尼采和海德格尔,但又与他们所选择的道路完全不同,他将虚无主义的本质定性为对现代文明的拒斥,他试图通过重启古今之争的方式来解释现代性危机产生的原因与演进机理,最后用回归古典自然正当来超越虚无主义。在我们看来,海德格尔的弟子们都运用现象学还原方式考察欧洲虚无主义的生成史,尽管他们都曾试图摆脱海德格尔的思想的束

---

① 刘小枫.施特劳斯与古典政治哲学[M].上海:上海三联书店,2002:738.

缚,但在克服虚无主义这一问题上,他们又普遍倾向回归古希腊自然主义。

三是从西方马克思主义的视角,剖析虚无主义产生的根源以及开出治疗虚无主义的药方。

西方马克思主义学者很少像上述哲学家那样直接运用虚无主义概念,但是他们的研究所涉及的主题包括灵魂的物化、文化的媚俗、人的异化、功利主义、享乐主义、极权主义等等,卢卡奇的物化理论、霍克海默和阿多诺的大众文化理论、马尔库塞的工业理论及列斐伏尔的日常生活批判理论,这些重要问题关系到我们精神家园的丧失和意义世界的虚无,都是虚无主义批判的重要主题。可以说,西方马克思主义学者的鲜明立场和独特的理论视角为我们在批判和超越现代虚无主义问题上提供了重要的理论资源,但重视的程度还有待进一步提升。

关于西方马克思主义者对虚无主义根源的剖析,卢卡奇认为,虚无主义和拜物教是同一问题的两个方面。资本主义社会就是由对象形式和与之相适应的主体形式所构成的商品关系结构,物化结构支配和控制着人的意识,分工又强化了物化意识结构。所以,他提出要重建总体性的辩证法,用阶级意识对抗物化意识。西方诸多其他马克思主义者也对异化结构和资本逻辑所构成的观念社会予以批判。霍克海默和阿多诺认为,工业化造成人灵魂的物化。霍克海默要重建人的主体性和价值观,用批判理性代替工具理性,把人从抽象中解放出来。在阿多诺看来,"虚无是抽象的顶点,而抽象是可恶的事情"①。他提出否定辩证法,主张非同一性和绝对否定。马尔库塞也指出,正是科学技术本身,阻碍和抑制了人的发展和自由的实现,造成了人们精神的孤独和生活意义的丧失,使人成了异己性的存在。他提出,要坚决拒斥专制的统治,反抗资本主义社会对人性的摧残和精神的压迫,最终以审美救赎的方式实现超越。实证主义者用感性欲望的满足来填补自身的空虚,导致物质主义、

---

① 阿多诺.否定的辩证法[M].张峰,译.上海:上海人民出版社,2020:332.

个人主义、功利主义的价值观,陷入更深的虚无主义之中。

西方马克思主义结合所处时代的特征,试图以马克思的基本观点对资本主义社会精神生活病症进行揭示和批判,从道德、社会和心理等层面对资产阶级虚无力量的深刻阐释和诊断,对我们进一步研究虚无主义具有重要的现实意义。但是,他们的理论极端重视个人主义,他们的理论立场从总体来看,又总是充满着艺术与审美救赎的浪漫主义色彩,注定也无法超越虚无主义的困境。尽管他们也看到了商品拜物教、资本逻辑对人精神生活的宰制和控制,却把它们当作虚无主义的表现形式,而把虚无主义导致的结果归罪于主体性、工具性与现代科学技术,最后只能陷入悲观主义的境地。按照马克思的理解,正是资本主义制度下的经济关系,使得理性和科技走向了与人的本质力量对立的一面,进而影响和控制着人的精神世界,所以对现代虚无主义的现实基础批判深入到资本主义经济秩序的机制之中。这也是本书探讨历史唯物主义对虚无主义批判的重要理论点。

国外学者对关于虚无主义的基础性问题研究得较为深入,研究主要侧重于虚无主义的内涵、形式、历史、本质及超越虚无主义的可能性路径,并且研究者都将虚无主义问题视为西方面临的现实和核心问题,是现实社会历史中必须解决的重大问题。虚无主义反映了西方现代性进程中价值体系的崩溃、信仰的丧失和意义的虚无,虚无主义与俄国十月革命和法西斯主义密切相关。这些现实的重大历史事件促使当代西方学者认真审视虚无主义问题,努力探索超越虚无主义的可能路径。但同时我们通过国外现状也可以看出,他们的观点驳杂,从尼采和海德格尔之后,研究虚无主义问题的当代西方学者们,普遍停留在思辨和观念的层面去挖掘虚无主义的根源,根本无法触及虚无主义的实质,也不可能触及现实生活世界的变革,他们有意无意地将物质生活与精神生活割裂开来,从而将人的精神生命连根拔起,并且西方学者们一旦涉及超越虚无主义问题,要么避而不谈,要么走向另一个极端:回到一种新的"形而上学",对虚无主义的克服反而成了对虚无主义的表达,无法从根本上摆脱乌托邦的性质。尽管有的当代西方学者也从各自立场和不同的视角出发探寻克服虚无主义的方案,比如从文化、哲学和宗教的层面,但始终未能解决人的安身立命之本的问题,虽然他们都认识到虚无主义现代危机的严重性,但都无法从根本上超越这一困境。

二、国内虚无主义研究现状

近些年来,在现代性及后现代性的复杂背景下,虚无主义问题日益得到国内学者们关注,其中刘森林、邹诗鹏、唐忠宝等人对虚无主义问题的研究取得了较为丰硕的理论成果。目前,国内对虚无主义问题的研究主要聚焦于如下领域与问题:

一是从批判历史虚无主义、文化虚无主义、民族虚无主义等视角研究虚无主义问题。

虚无主义是一个比较复杂的问题,以不同的角度理解和把握它,其呈现的内涵与实质也各不相同。如杨军、梅荣政认为,历史虚无主义实际上是从"抽象的人"出发去臆造历史,坚持的是形而上学观点,它以一种扩大心理分析的方法去分析历史人物和历史事件,难免陷入主观唯心主义的泥潭中无法自拔。① 因此,应该说历史虚无主义不可能把握历史的真实事实。张永奇认为,民族文化虚无主义是虚无主义精神图像的特殊表达,从表面看起来,民族文化虚无主义是历史虚无主义和文化虚无主义双重叠加的产物,而实质则是从右的方面消解和否定民族文化的当代价值,以实现全盘西化的目的,从而引起一系列的精神文化危机。② 这些不同的视角拓宽了我们研究虚无主义的视角,也有利于从整体上把握虚无主义问题。

二是深刻揭示虚无主义产生的根源,进而找到超越虚无主义的现实

---

① 杨军,梅荣政.历史虚无主义批判:理论和方法[J].思想理论教育导刊,2015(1):66.
② 张永奇.虚无主义的精神图像与民族文化的定向之基——兼论从延续民族文化血脉中开拓前进的逻辑前提[J].宁夏社会科学,2016(2):10.

路径。

　　国内学者对虚无主义根源的考察主要有两种基本路向。一种路向是通过系统挖掘西方现代哲学家对虚无主义问题研究的理论成果来深入分析虚无主义产生的原因、本质及内在局限;另一种路向是直接着手马克思哲学的思想资源,从马克思对现代性的批判中揭示虚无主义产生的根源。第一种路向主要代表人物有邓晓芒、杨茂明等人。邓晓芒在研读了海德格尔的《尼采》一书后,从中西文化的对比中,指出了海德格尔尽管洞察到了西方形而上学的本质,但他并没有超出西方主体形而上学的范围,也没有触及虚无主义深层次的根源,仍然是从价值论和人本主义的立场去思考和克服虚无主义的,所以,根本无法真正克服虚无主义。杨茂明在《试析尼采关于虚无主义及其超越的理论》中指出,虚无主义是尼采伦理思想的主导问题。正是由于超感性理想的失落,消解了虚构的超感性世界对真实生命世界的压抑,维护了生命的个性和超越性,所以,尼采把肯定感性生命的艺术化生存作为超越虚无主义的新选择。这一理论深化和扩展了虚无主义的视角,肯定了生命创新的价值和意义,强化了个体对自我行为选择的责任,但是他有一个致命的缺陷就是忽略了工具性社会实践对于虚无主义形成和消解的根基,离开人的社会实践本性是始终无法超越虚无主义的。正是基于尼采、海德格尔等西方现代哲学家对虚无主义问题研究的局限性,国内很多学者开始从马克思的思想资源中更加全面地分析和揭示虚无主义产生的根源,于是也就有了第二条探索虚无主义问题的路向,主要代表人物有贺来、刘森林等。贺来认为,马克思通过揭示现代性的核心理念"理性"及解放承诺的虚幻性,在哲学史上最早阐明了价值虚无主义的思想根源,而更重要的是,马克思通过对资本虚无力量的剖析,深刻揭示了价值虚无主义的现实根源。贺来提出:"要克服价值虚无主义,关键在于超越资本对劳动的奴役,拯救人自由自觉的生存本性,从而实现'劳动的解放'。"①刘森林在《资本与虚无:马克思论虚无主义的塑造与超越》中也同样认为,马克思在资本逻辑的分析中看到了资产阶级虚无主义的必然力量,它不仅体现为物,而且更体现为社会生产关系的资本,资本是绝对神圣不可侵犯的存在。在刘森林看来,在中国特色社会主义新时代,中华民族共同体作为历史主体,可以遏制、避免和超越虚无主义,继续创造未来的历史伟业。

三是立足于马克思主义的历史唯物主义,批判现代虚无主义及探索超越虚无主义的路径。

邹诗鹏在著作《虚无主义研究》中,充分结合时代特征和人的生存处境,从多个方面对现代虚无主义进行了深入的分析和批判,建构了一套完整的诊疗学系统。在邹诗鹏看来,解决现时代精神生活的根本问题,就在于能否从现代虚无主义困境中超拔出来,而超越现代虚无主义的困境就必须诉诸马克思主义哲学,即立足于历史唯物主义进行现代虚无主义批判。在其论文《虚无主义的极致与人的解放问题——重思马克思对虚无主义的批判》中,邹诗鹏从海德格尔的论断"马克思将虚无主义推到极致"谈起,在与海德格尔的对话中,肯定和揭示了马克思唯物史观是当今时代抵御价值虚无主义侵蚀的重要理论资源。在邹诗鹏看来,马克思是以人的历史解放应对现代虚无主义的,在人的自我解放的过程中贯穿克服虚无主义的历史实践活动,展开现代性及历史过程的实践批判,揭示现代人的异化状况。刘森林在《论虚无主义与形而上学——基于唯物史观与文明论意义上的思考》中,重新理解了马克思与海德格尔对形而上学的不同批判,并且指出马克思是要通过批判传统形而上学来创建一种对社会历史进行科学研究的理论,这种理论不再是拘泥于抽象的、一般的、经不起推敲的形而上学分析,而是后来人们称之为"历史唯物主义"的新理论。唐忠宝、赵葵萍认为,以"纯粹经验的方法"考察人类社

---

① 贺来.马克思的哲学变革与价值虚无主义课题[J].复旦学报(社会科学版),2004(6):16.

会历史要从马克思现实的个人出发，进而将超验与经验以及逻辑思辨与经验实证统一起来，建立一种新唯物主义的感性经验世界观。新唯物主义的世界观在对人与世界关系的考察中，关注人的价值与存在，扬弃了传统对立的二元的世界观，因此实现了由客体维度向主体维度的过渡。同时，马克思的新唯物主义不仅仅是对理论内部的批判，而是立足于人的物质实践活动，最终实现由"解释世界"向"改变世界"的转换。宋友文认为，马克思所创立的历史唯物主义是一种世界观理论的谱系，它通过对德意志意识形态的批判终结了传统的形而上学。在他看来，感性活动表征着人的生存方式的二重性和矛盾性，只有把人的感性活动理解为感性世界的深刻基础，才能揭示事物的本来面目，而马克思的历史唯物主义通过诉诸作为感性活动的物质生产的二重性，找到了克服虚无主义问题的答案。

这一重要视角和相关文献是本书立题、组织框架和写作的重要参考，也仍需进一步深入挖掘。马克思所确立的历史唯物主义作为以实践为基础的新唯物主义，它批判虚无主义产生的思想根源即西方传统形而上学实体化的本体论世界，批判传统形而上学对人的存在及人的生活世界的遗忘。而马克思关注现实的生活世界及人的真实的生存处境，把人从实体化的本体世界的遮蔽中解放出来，具体来说则是立足于生活世界及人自身的发展，关注人的生存处境，以作为体现人的生命本性的自由自觉的实践活动为基础，以人的解放和自由而全面发展为价值旨归，从根本上瓦解了西方传统本体论对超验世界的追求，抽象的人性观及神圣性外在化的价值理想。历史唯物主义扬弃了一切传统观念论，实现了社会生活的根本性变革，确立了一种新的世界观，不仅凸显了历史唯物主义在理解虚无主义问题上具有独特的视域和价值，也为我们在超越虚无主义问题上提供了一种可能的路径。

四是探讨当代中国与虚无主义问题。

张法认为，中国现代虚无主义的开始是在1840年，西方文化入侵动摇了一些人的"宇宙观"，这种宇宙观是建立在天道上的。但中国人一直有着"求变"的实践理性,这使得人们能始终在失败中修复与重建价值观。1840 年之后,中国之道与西方之道的冲突成为中国必须进入世界的关键,这也构成了一种新的关系,使得中国在世界之道的大规律中重新获得了自己的定位。

虚无主义作为一个现代性问题,与当代中国不可避免地发生着关联,对当代中国也产生着消极的影响。吴晓明认为,尽管虚无主义源自西方,是形而上学的产物,但是现代化进程中的中国可以不受西方形而上学道路的束缚,开辟出一条超越虚无主义的现实道路。杨金华认为,随着全球现代化的持续扩张,西方现代虚无主义的涌入,对中国的精神文化、道德信仰等都产生了很多影响。当代中国所面临的虚无主义问题,表现为对马克思主义的虚无,也包含对中国传统文化的虚无。王志红、朱士群在《对中国当代虚无主义思潮的哲学思考》中,也将当代中国的虚无主义问题看作一种思潮,并且在价值、历史、文化和网络生存领域进行了深刻的剖析,揭示出它存在的四种样态:无根性危机、断裂性迷茫、困惑性麻木、陌生性慌乱。同时,也分析了虚无主义思潮在中国学术思想观念体系、社会公共话语体系和社会意识形态三大领域中的危害,进而对于中国现代性虚无主义思潮的克服,他提出必须坚持以马克思主义哲学为指导,加强"以人为本、科学发展与构建和谐社会"的核心价值理念的引领。杨丽婷在《论当代中国克服虚无主义的实践资源》中也指出了,虚无主义在中国的反思不仅需要理论逻辑的建构,更需要实践资源的发掘。当前,中国的现代化实践蕴含着克服虚无主义的现实资源。

通过以上国内关于虚无主义问题的研究成果来看,国内研究者认为,马克思主义哲学对于超越虚无主义不仅提供了思想资源,而且从某种意义来讲,马克思致力于对虚无主义的批判和超越。同时国内学者在对虚无主义问题的基础性研究上也取得了一定的理论成果,不仅仅是简单地译介西方虚无主义,而是自觉地运用马克思主义的立场、观点和方法探讨虚无主义问题,并且取得了很大的进展,也出现了一些可喜的成果,特别是在立足于历史唯物主义视域研究虚无主义的问题上,可以说,国内学者已经开启了这样一条道路。尽管这条道路已经开启,但是还有待进一步深入挖掘和向前推进。伴随着现代化和全球化的不断推进,资本逻辑的强势扩张,虚无主义问题有逐步加剧的趋势,并且表现出新的时代特征。本书立足于历史唯物主义,以历史唯物主义的独特视域为根本,扎根于我们的生活世界和人类民族前途和命运之土壤。根据马克思的"三阶段"理论,现代人正处于"以物的依赖性为基础的人的独立性"阶段下。本书在考察和反思"物化的时代"与现代人的生存处境的基础上,力图把虚无主义问题放置于整个马克思主义哲学与现代西方思想传统中来考察,吸收中西方思想文化理论成果,尝试对虚无主义做出较为系统、翔实、深入的阐释和分析,特别是在超越虚无主义路径问题上,给出一些可借鉴的参考,从而使现代人可以更好地守护住自己的精神家园,更幸福而美好地生存和生活,进而走向更加美好的未来。

第三节　研究的总体思路、方法和创新之处

本书立足于历史唯物主义,从总体上把握和理解马克思主义哲学,在考察和反思"物化的时代"与现代人的生存处境的基础上,以"历史唯物主义如何超越虚无主义"作为贯穿到底的问题意识,以对历史唯物主义的当代阐释作为理论意识和理论自觉。

一、研究思路

基于目前学界关于虚无主义和历史唯物主义的理论研究成果,本书拟定如下总体思路。

第一部分,从现实性维度,分析现代人所面临的虚无主义处境及精神症候。首先,何为虚无主义?虚无主义并非现代社会才有的问题,它经历着漫长的演变过程和传播时期。想要真正揭示虚无主义产生的根

源以及探讨如何超越虚无主义的问题，首先必须厘清虚无主义一词的演进过程，明确虚无主义的基本内涵，清楚我们是在何种意义上分析和探讨虚无主义的。本书所探讨的虚无主义皆是指精神信仰的虚无主义，即人们没了信仰、没有了为之奋斗的（目标）理想、没有了生活的意义。其次，具体分析现代人陷入虚无主义的精神症候，从总体上归纳出四点：一是精神的焦虑；二是崇高价值的失落；三是享乐主义的侵蚀；四是功利主义的流行。这些表现说明，虚无主义问题已经成为现代社会的主要危机，并且越来越表现为精神危机。再次，在这个"世俗化的时代"、"相对主义的时代"与"物化的时代"的相互纠缠下，精神生活的丰富性、内在性和超越性维度的丧失，人的感性的物质生活与精神生活的知性对立，人存在的焦虑与意义的虚无越来越成为当今时代所面临的重大的精神处境。由此，虚无主义成为我们时代亟待解决的重大理论问题和现实问题。

第二部分，在西方现代社会，虚无主义的降临及它所表征出来的诸多精神症候，现代西方思想家从不同的角度对流行的虚无主义进行了批判。尼采揭示了虚无主义与形而上学的本质关联，海德格尔认同尼采的观点，但认为虚无主义的成因是存在意义的遗忘，加缪则从批判荒谬的世界和荒谬的人来揭示"无意义"，他们都努力致力于对虚无主义路径的探索。尼采重估一切价值用"权力意志的超人学说"彰显人的生命意义，海德格尔以"向死而在"与"诗意的栖居"来抵抗人的沉沦，加缪提醒和警示人们，要直面荒谬，以"反抗"来对抗虚无主义。

第三部分，历史唯物主义内在蕴含着批判现代虚无主义的思想资源。马克思通过对西方传统形而上学的批判，揭示了虚无主义产生的思想基础。形而上学本质上就是虚无主义的。传统形而上学否定真实的经验世界，追求其背后的终极根据，实质上是一种实体本体论的形而上学。在现代性的哲学语境下，从尼采开启现代哲学，经笛卡儿、康德，到黑格尔，理性形而上学达到极致。因此，马克思通过对整个黑格尔思辨哲学进行批判，揭示传统观念论这种解释世界的方式，最终的结果只能导致理性与现实的割裂、超验与经验的分离,从而遗忘了人的生活世界以及人自身的存在和发展,作为体现人的感性的实践活动也是"空场"的。马克思历史唯物主义之所以能够颠覆形而上学超越虚无主义,与其他思想家最大的不同就在于,马克思的形而上学批判是一种社会历史的批判,具有独特的理论视角,实践的思维方式一直贯穿于他的整个哲学。

第四部分,基于对历史唯物主义的当代理解,从传统有神论的批判到彻底的无神论,从对资本逻辑的批判到拜物教批判,从政治经济学批判到资本主义制度批判,也必然包含对现代性的批判,正是在对"一切进行无情的批判"中实现了对虚无主义的批判,也同时建构起作为人类的终极关怀的共产主义价值旨趣。马克思把感性的个人当成历史的前提,把"每个人自由而全面的发展"作为共产主义的核心价值观念,在这个意义上它改变了以往的信仰观念,实现了信仰的观念性的变革,从而也实现了对虚无主义的真正超越。这样看来,事实上马克思对于虚无主义的超越是在马克思整个对西方哲学的框架中完成的,特别是在对资本主义社会历史现实的批判中实现的,毕竟在马克思看来,异化与异化的扬弃走的是同一条道路。这部分是本书的核心,也是重点和难点。

第五部分,历史唯物主义实现了对虚无主义的超越。"哲学家们只是用不同的方式解释世界,问题在于改变世界"[①],单纯地停留于观念层面的批判和从文化精神层面来解决虚无主义问题,都无法解决人类的安身立命之本的问题。历史唯物主义是在对资本主义社会现实批判的基础上,始终坚持"以人为本",立足于人的生活世界及人自身的发展,以体现人的生命本性的实践活动为根本,以人的解放和自由而全面发展为价值旨归。因此,历史唯物主义不仅仅批判了虚无主义,而且也为我们指出了超越虚无主义的现实道路,这就是共产主义。共产主义信仰,把理性的批判精神和信仰的绝对意识内在统一,实现了理性和信仰的和

---

① 中共中央马克思恩格斯列宁斯大林著作编译局.马克思恩格斯选集:第一卷[M].2版.北京:人民出版社,1995:57.

解,共产主义作为一种价值理想和终极追求,可以在理想与现实之间、神圣性与世俗性之间保持辩证张力,共产主义信仰是马克思超越虚无主义真正的价值旨归,为人类未来社会的价值建构指明了方向。在思维方式上,它超越了传统形而上学两极对立的知性思维,以人学辩证法的生命态度与理论自觉,实现对人生意义和价值的自我意识和自我理解,在对人的生命的辩证觉解中,保持着相对主义与绝对主义的张力,维持着理想主义与现实主义的平衡,敞开了无限的内在超越性的信仰精神。同时,历史唯物主义所敞开的科学的社会主义或共产主义信仰,是立足于人自身内在超越的终极关怀,具有无限的绝对性和意义指向性,它既扬弃了西方形而上学几千年的实体本体论思想所悬设超验的实存世界,实现了对传统有神论的信仰神化的"祛魅",也破除了现代资本主义社会通过"物"联结起来的虚假的共同体所导致的物化的信仰观,是在对现实的批判和审视中,在不断地从应然到实然、实然到应然的实践发展的进程中敞开的崇高性和神圣的价值关切。这部分也是本书的核心、重点与难点。

二、研究方法

基于以上研究思路,本书的具体研究方法包括以下两种:

第一,理论研究与实践分析相结合的方法、批判性分析与建构性理解相结合的方法。每一个理论问题都反映和包含着重大的现实问题。如果只停留在思辨的层面,以纯粹的理论为基础,不关注人的现实生活世界,或者以拒斥抽象思辨为由流连于无批判的实证主义,都会造成理论与实践的割裂,这违背了历史唯物主义的基本原则,乃是形而上学思维方式的具体表现。因此,理论研究并不是抽象的、概念式的,而是要立足于人自身的发展,回归于人的现实生活世界。特别是在这个"物化的时代",虚无主义问题呈现得尤为突出,虚无主义不仅仅是一个重大的理论问题,也是一个焦点性的现实问题,并且它越来越表现为人的精神生活的危机。从理论维度来看,虚无主义必须在存在论中进行澄明,深入挖掘虚无主义产生的形而上学的思想基础;从现实维度来看,虚无主义必须回到社会历史现实,立足于人自身的存在与发展,人既是历史的起点,也是历史的目的,马克思正是在对"一切的无情批判"中实现了对虚无主义的批判,也同时建构起了作为人类的终极关怀和价值旨趣的共产主义信仰,从而真正实现对虚无主义的超越。

第二,历史与逻辑相统一的方法。历史是逻辑的基础和内容,逻辑是历史的理论呈现。按照马克思的理解,历史的起点也应当是逻辑思维的起点。从历史的维度来说,虚无主义是伴随着西方文明的发展,逐渐蔓延的历史过程,并在充分考察西方形而上学思想传统的基础上,揭示虚无主义产生的思想根源;从逻辑的维度来说,虚无主义是西方传统形而上学将抽象的超验世界实体化的结果,统一的世界被二重化。可以说,传统形而上学把世界一分为二,神圣的超感世界被实体化,世俗的现实世界被虚无化。特别是在"以物的依赖性为基础的人的独立性"的现代社会,结合现代人的生存方式,把握信仰、物化与虚无主义的内在关联,按照这个顺序进行思考,马克思的历史唯物主义的独特价值如何批判了虚无主义,进而在超越虚无主义困境时又提供了一种怎样的可能性的参考,这同时是一个具有挑战性的现实问题。

三、创新之处

其一,在问题选择上,本研究触及了"虚无主义"这一重大的理论问题与焦点性的现实问题,在考察和反思"物化的时代"与现代人的生存处境的基础上,力求回答和解决历史唯物主义是如何批判和超越虚无主义的,这不仅是对现代精神信仰理解的进一步深化,而且对于现有关于历史唯物主义基础理论的研究成果而言也是重要的补充、丰富和拓展。

其二,在方法论视域上,本研究坚持从总体上把握马克思主义哲学,以历史唯物主义的当代阐释作为立足点,始终贯彻历史唯物主义的立场、观点和方法。致力于在当代理论地平线上揭示历史唯物主义理解虚无主义问题的独特思路和独到洞见,不仅包含马克思所实现的哲学变革和现代性的批判理论,还关涉现代人所面临的精神困境。同时,对于这一问题的研究也更加彰显出,马克思哲学变革的基本旨趣和思想内核,特别是马克思所确立的历史唯物主义在当代哲学中发挥的强大思想效应和重要价值。这在目前关于虚无主义问题的研究成果中颇具鲜明的特色和创新性。

其三,在学术观点上,本研究提出马克思创立的历史唯物主义不仅仅是批判了虚无主义,而且也为我们指出了超越虚无主义的现实道路,这就是共产主义。历史唯物主义超越了西方传统有神论和现代虚无主义的知性对立,坚持以人为本,敞开了一种内在超越的信仰精神,实现了科学性与信仰性的统一、理想性与现实性的统一,不仅深化并推进了当代信仰状况的深入理解,而且也为人类未来社会的价值建构指明了方向。

第一章　现代虚无主义及其精神症候

从传统农业文明向现代工业文明的社会历史的重大转变中,一方面,社会物质财富获得前所未有的发展,人们全方位的关系、多方面的需求以及自身能力均得到大幅度提升;另一方面,物质财富的膨胀和无度也给人们带来了一系列的精神问题。随着物质欲望和权力欲望的日益增加,有着本体论支撑的传统的信仰世界坍塌,旧时代的价值标准已经失去神圣性的光环。虚度年华、精神荒芜、焦虑空虚、百无聊赖以及游戏人生成为一些现代人常态化的生活方式和精神感受。"世俗化时代""相对主义时代""物化时代"的来临,使部分现代人已经不由自主地沉溺于物欲主义之中,迷失了人生的目标和理想信念,丧失了对生活意义的追求,以至于不得不面对精神家园的沉沦和意义的分崩离析,其结果必然导致精神信仰的虚无主义困境。虚无主义成为我们这个时代亟待解决的重大理论和现实问题,应给予足够的重视。

第一节　何为虚无主义

虚无主义并非现代社会才有的问题,它经历着漫长的演变过程和传播时期。想要真正揭示虚无主义产生的根源以及探讨如何超越虚无主义的问题,首先必须厘清虚无主义一词的演进过程,明确虚无主义的基本内涵和实质,清楚我们是在何种意义上分析和探讨虚无主义的。

一、虚无主义一词的历史溯源

从词源学意义上来看,"虚无主义"(nihilism)一词来源于拉丁文"nihil",意思是"什么都没有",即"无"。《西方哲学英汉对照辞典》将虚无主义解释为:"一种主张没有可信的东西和没有意义的区分的理论,形而上学的虚无主义认为世界和人生没有我们假定它们具有的价值和意义。"①约翰·古德斯布洛姆(Johan Goudsblom)在他的著作《虚无主义与文化》中对虚无主义的最早记录可以追溯到法国大革命对"虚无主义者"的使用,虚无主义者原本是一个辱骂性的词。"虚无主义"虽早已有之,但首次在现代哲学意义上正式使用该词是在1799年,德国文学 - 哲学家弗里德里希·H.雅可比致费希特的信中提及,他批评费希特的唯心主义哲学为"虚无主义",因为这种哲学盲目崇拜理性,坚持绝对的以自我为中心,作为人的真正精神在本质上立足于虚无,而经验个体又具有相对主义,由此而来的整合也必然走向虚无的深渊。现代之前,只有彼岸的上帝具有主体性,而现在的人开始分有上帝的力量。青年黑格尔派时期则坚持拒斥超验存在,坚信人本身即含有普遍性的精神,而那个最激进、在宗教之路上走得最远的思想家、"把无当作自己事业的基础"②的施蒂纳把自我只是作为他的"唯一者",表现为:"人自我意识为无拘无束、超脱尘世的本质,自我意识为精神"。③ 这个"唯一者"指,一方面自我成为这个世界的唯一,蕴含着超验世界的虚无化;另一方面,他始终处于流动之中,不与现实世界的一切事物具有确定性的联系,同时意味着经验世界的虚无化。

虚无主义变得流行和真正被人熟知则得益于俄国作家屠格涅夫,他

---

① 尼古拉斯,余纪元.西方哲学英汉对照辞典[M].北京:人民出版社,2001:679.
② 施蒂纳.唯一者及其所有物[M].金海民,译.北京:商务印书馆,2007:1.
③ 王珍.东西方无神论哲学思想研究[M].北京:宗教文化出版社,2010:193.

认为,唯有在我们的感官感知中可获得的,亦即被我们亲身经验到的存在者,才是现实的和存在着的,此外一切皆虚无。他在长篇小说《父与子》中塑造了主人公巴扎罗夫这个虚无主义者形象,他"不承认一切权威","对"什么都不尊重","用批判的眼光看待一切"和否定一切,而这种否定是"所有建立在传统、权威以及其他任何特定的有效价值基础上的东西"①。巴扎罗夫式的虚无主义者,实际上就是唯科学主义立场的典型,把整个世界都视为实验室和工作室,把科学精神贯彻到了一切领域,包括人文情感、爱情、艺术等。此后,俄国的许多文学作品中,如陀思妥耶夫斯基的《冬天记的夏天印象》《作家日记》和多篇小说《地下室手记》《罪与罚》《群魔》等,还有赫尔岑的《终结与开端》,都隐含着对当时俄国虚无主义者的批判及探索俄国现代化过程中的前途命运问题,马克思致查苏里奇的信也是在回答那个时期的这一问题。

如果说虚无主义在屠格涅夫那里还停留在以科学至上消解一切人文和人类情感,那么,在尼采那里虚无主义这位"最可怕的客人"已经叩响了现代文明的大门。尼采认为,虚无主义并非仅仅是指一种否定和遁入一无所有的虚无。尼采所谓的虚无主义是特指欧洲的虚无主义,他借疯子之口说出"上帝死了",这意味着西方传统的超感性世界彻底崩塌,人们没有了信仰、没有了目标,生活变得没有价值和意义。尼采提出的"重估一切价值"是其全部理论的出发点,他的《权力意志》和《偶像的黄昏》集中批判了以往被理性主义和基督教传统当作真理的思想文化、道德观念,在尼采看来,要成为一个创造价值、判断善恶的人,首先要推翻以往价值,必须把这些思想文化和价值观念当作偶像打倒,这也是对人的最高的自我肯定。在此,正是尼采真正将虚无主义提升为哲学的核心问题来研究,并成为现代西方哲学所关注的主要问题。尼采把虚无主义与欧洲人的精神生活联系起来,赋予其新的哲学解释:何为虚无主义?

---

① 海德格尔.海德格尔文集.尼采:全 2 卷［M］.孙周兴,译.北京:商务印书馆,2015:717.

"没有目标,没有对'为何之故?'的回答。即最高价值的自行贬黜。"①这里虚无主义包括两个层面的含义:一方面,代表最高价值"上帝"的信仰体系逐步崩塌,作为感性世界规定性、终极性的支撑,丧失了内在的"目的"和"秩序",人类生活随之陷入了没有信仰、没有目标和没有意义的虚无主义困境;另一方面,标志着整个西方传统形而上学体系的土崩瓦解。尼采从价值论的考察中认为,传统的形而上学即柏拉图主义本身就蕴含着虚无主义的种子。最高的价值通常与"真实的世界"联系在一起,并且这种所谓"真实的世界"本质上是虚构的、反生命的,形而上学就是价值的设置。也就是说,传统形而上学将世界一分为二,神圣的超感性世界被实体化,世俗的真实世界被虚无化,当建立在价值根据之上的虚假性被揭穿以后,整个价值体系也就失去了存在的根基。"一旦人们明白了,臆造这个世界仅仅是为了心理上的需要……它摒弃了对真实世界的信仰"②,虚无主义便出现了。尼采把虚无主义分为消极的虚无主义和积极的虚无主义。前者认为一切皆虚无,人赖以生存的经验世界遭到瓦解,人的现实性被虚无化,随之而来的是随波逐流、自私自利、情感冷漠;而积极的虚无主义者选择重新站起来,在价值终止的地方规定新的真理。尼采就是用"积极的虚无主义"拒斥传统形而上学,通过设定一种新的最高价值"权力意志",实现精神力量的最大提升,否定和重估一切价值,以此获得感性生命的意义和价值,同时寄希望于"超人"的降临。

继尼采之后,德国哲学家海德格尔将虚无主义批判推向深入。海德格尔专门研究过尼采哲学及虚无主义批判思想,在两卷本的专著《尼采》中,详尽地论述和分析了尼采哲学意义上的虚无主义以及他本人对虚无主义的理解。海德格尔认为,虚无主义是欧洲支配着先前几个世纪

---

① 尼采.权力意志(上)[M].孙周兴,译.北京:商务印书馆,2008:400.

② 尼采.权力意志——重估一切价值的尝试[M].张念东,凌素心,译.北京:商务印书馆,1991:425-426.

并且规定着未来世纪的历史运动。作为这一历史运动的虚无主义肇始于柏拉图主义,在尼采那里得到了完成。他一针见血地指出:"形而上学作为形而上学乃是本真的虚无主义。"①按照海德格尔的观点,虚无主义就发生在西方历史进程中,整个西方的形而上学传统都在追问"存在者是什么",而没有追问和思考存在本身。也就是说,在海德格尔看来,虚无和 nihil 是一个存在概念,而尼采从"价值之思"去理解虚无主义,根本无法揭示虚无主义的本质,他所谓对虚无主义的克服,反而把形而上学推向极致,成为"最后一位形而上学家"。在此意义上,海德格尔把虚无主义与形而上学本质内在地结合起来,从存在论的意义上,进一步揭示出虚无主义的本质是遗忘了存在,"无家可归状态变成了世界的命运"②。整个传统形而上学就是一部"遗忘存在本身"的历史,存在者对"存在"的追问,变成了"存在者是什么"的回答,人与存在的关联始终未被思考,在海德格尔看来,"形而上学言说存在者之为存在者整体,也就是存在者之存在"③。既然虚无主义的本质就是遗忘了存在,那么克服虚无主义的路径就是要恢复对"存在之思",彻底推翻传统形而上学,重建一种"此在"本体论,可主体仍然是外在于自身的抽象的、规定性的存在,问题是主体之外的"他者"何以安顿?海德格尔在前期还要求返回柏拉图以前的哲学,之后就遁入了神秘主义,最后只能不得不陷入"只还有一个上帝能救渡我们"更深的虚无之中。

从"虚无主义"一词在现代哲学意义上的正式使用,经由屠格涅夫、尼采和海德格尔,伴随着虚无主义问题的演变和发展,其已经变得越加丰富而复杂,不同的人从不同的角度,对于虚无内涵的界定也各不相同,所以,很难给出一个确切的定义。尽管如此,我们可以从现象到本质,抓

---

① 海德格尔.海德格尔文集.尼采:全 2 卷[M].孙周兴,译.北京:商务印书馆,2015:1036.

② 海德格尔.海德格尔选集(下)[M].孙周兴选编.上海:上海三联书店,1996:383.

③ 海德格尔.海德格尔文集.尼采:全 2 卷[M].孙周兴,译.北京:商务印书馆,2015:893.

住虚无主义的实质,真正厘清虚无主义的真实内涵。

二、现代虚无主义的内涵及实质

虚无主义是指作为价值观的虚无主义(即价值虚无主义),我们又称之为价值的虚无,有的场合即直接称为虚无主义,所谓虚无主义,是指人们没了信仰、没有了为之奋斗的(目标)理想、没有了生活的意义。在日常生活中,我们所说的虚无,主要指的就是价值的虚无,即"价值的真空",人们没有了寄托,无家可归的状态。因此,虚无主义本质上是虚无关联于人或人遭受虚无且转化为负面价值的结果。对于现代虚无主义而言,一方面,人们可以把虚无主义看作是一种价值观、人生观和世界观,虽然价值虚无主义现象古已有之,但是虚无主义的否定性和消极性以及人们对它的切身体验,只有到了现代社会,在现代性的历史条件下才有了充分的彰显。另一方面,虚无主义也是一种精神状态,是一种人生的态度。正是信仰世界的坍塌、理想信念的缺失、生活意义的丧失、人类精神家园的失落,使人类根本无法逃避无家可归的命运,且必然会遭遇各种虚无主义的情绪体验,如焦虑、孤独、无聊、荒谬等等。这些虚无的情绪侵蚀,又会反过来影响人的价值观、人生观和世界观。本书所研究的虚无主义,皆是在这个意义上加以探讨的,特指精神信仰的虚无主义。

在现代性的历史进程中,虚无主义现象的存在,从本质上来说,可以看作是现代人所遭遇的一个突出的价值观问题,并且它具有特殊性——不知道自己想要什么,不知道自己应当追求什么,在现代社会必须充分认识到虚无主义对人生和社会的影响。在"以物的依赖性为基础的人的独立性"①为总体的社会形态下,尽管物质生活的丰富的确给人们带来了舒适和方便,但是也必然导向物质世界的沉沦,从而忽视了长远和根

---

① 中共中央马克思恩格斯列宁斯大林著作编译局.马克思恩格斯全集:第四十六卷(上)[M].北京:人民出版社,1979:104.

本的东西,当物质欲望的满足感稍纵即逝时,人们感受到的不是生活带来的充实和有意义,而是更加的空虚和无聊。这就很容易使人陷入虚无的悲观主义之中,以消极的价值态度对待生活及生命的意义,以至于消极地对待社会以及人类实践的意义。消极的价值观认为,人类社会不存在美好的光明前景,生活本身乃是虚无的,根本不存在什么有意义和有价值的东西。当个人的价值选择与外在发生矛盾和冲突时,个人生活的价值方向就会发生偏离,人们很容易产生虚无主义的情绪,迷茫困惑、缺乏理想、颓废消极、不思进取的人生观就会应运而生。当然,在对人与世界的关系的认识和理解上,必然是片面的和外在的。

人是具有双重属性的生命存在,即自然存在与超自然存在。从自然存在属性来说,人类需要衣、食、住、用、行等最基本的物质条件保障人类基本的生存需要,当物质生活得到极大满足以后,人类将追求更高层次的精神生活的需要,追求精神生活也是人的超越性本质特征。精神生活是人类生活的基本领域之一,也是人类生命获得意义和价值的重要生活样态。精神生活能够赋予人生以意义,使人有一种内在的力量,不断地超越物质生活的限制,找到终极价值的关怀,从而在不断地追寻中提升人的生存境界。在现实中,精神生活总是与物质生活纠缠在一起,人要生存自然离不开物质生活,而脱离精神生活,人也将丧失自己的生命本性。虚无主义的形成,必然反映着现实人们精神生活的某种状态,拷问的是存在的意义和价值的问题,它并不是一般意义上的存在,而是人的存在与人生意义的问题。人毕竟无法忍受无意义的生活。对理想、信仰的追求,是一个不断克服现实生活的苦难与痛苦,不断自我完善、自我提升和自我超越的过程。特别是现代社会处于世俗化的时代、相对主义的时代、物化的时代,各种矛盾错综复杂、各种冲突此起彼伏,人类所面临的一系列问题,诸如信仰的缺失、形而上的迷失、人生的意义与价值失落以及人与自我的疏离等等,其实质都是精神世界的危机——虚无主义的来临。

三、虚无主义的基本类型

在很多语境下,人们为了便于从学理及问题层面进行讨论,通常根据尼采和海德格尔对虚无主义的分析,将虚无主义划分为两个类型,即价值论的虚无主义(价值虚无主义)和存在论的虚无主义。前文分析过国外学者唐纳德·A.克罗斯比和凯伦·L.卡尔都曾对现代虚无主义划分过类型,有的研究者也从不同的民族和国家类型划分虚无主义,如英国虚无主义、法国虚无主义、俄国虚无主义、德国虚无主义、美国虚无主义等等。施特劳斯的著名断言"只有德国才存在虚无主义",抛开这一断言的问题背景及理论框架,仅仅从民族和国家类型来区分虚无主义显然是不充分的和狭隘的,而联系到非西方国家传统包括中国,虚无主义则更为丰富而复杂,很难划分类型。从总体来看,虚无主义可以依不同的维度进行分类,而每一种类型似乎都是相对的。依照价值虚无主义的历史形态,我们现将价值虚无主义划分为如下四种类型:历史虚无主义、民族(文化)虚无主义、集体虚无主义和道德虚无主义。

(一)历史虚无主义

历史虚无主义单纯以获得经济利益最大化为主要目的,为了迎合现代时尚潮流和大众文化品味,随意篡改历史、歪曲事实,这种对历史感和历史本身内在意义的否定,切断了传统文明向现代文明的过渡,是对历史文化传统继承性和连续性的破坏,历史发展的内在逻辑被否定,历史和文化遗产的传承与人文精神传统的内在传承都被无视甚至抛弃。历史虚无主义者全盘否定一切历史,不顾历史发展的客观规律,主观臆断历史对现实及未来时代的作用,断然将现存事物与历史的一切前后相继固有的联系斩断,通常为了达到使历史虚无的目的,会曲解、解构,甚至蓄意篡改和歪曲历史。历史虚无主义的本质是以主观唯心主义的历史观虚无历史,与马克思主义所倡导的唯物史观背道而驰,他们经常采取的手段是以主观消解客观,以片面遮蔽整体,以偶然否定规律,以编造取代事实,以戏谑对抗崇高。近些年来,历史虚无主义与新自由主义、相对主义、后现代主义等思潮合流,存在形式更加多样复杂,由公开性、系统性向隐蔽性、碎片性转化,但其编造和歪曲历史真相的行为从未改变。

(二)民族(文化)虚无主义

民族(文化)虚无主义忽视民族和民族文化的特征,抹杀民族和民族文化的差异性。

民族虚无主义无视民族独立和存在的既定事实甚至将其视为"地方主义",蔑视和抹杀国家主权和民族认同,试图以超国家主义的姿态强行向其他民族宣传所谓的"普世价值",将不普世的价值观视为适用于世界各民族各国家的"绝对价值观"。在打着维护"国家和民族利益"的旗号下,民族虚无主义所主张的国家利益高于一切的言论,实际上是为了推行"民族优越论",实行民族利己主义,以此维护资产阶级的执政利益。在利益驱使下,资产阶级普遍利用民族虚无主义剥削、压迫和歧视少数民族,推行民族压迫政策和民族扩张政策,侵略、奴役和镇压其他民族和国家,以此实现对本民族文化的认同。在西方资本主义社会,民族(文化)虚无主义是指在此基础上彻底否定传统文化的民族虚无主义,其实质是资产阶级鼓吹的"全盘西化论"。民族(文化)虚无主义往往脱离社会、经济和政治发展,片面夸大民族文化的作用;切断历史与现实的必然联系,坚决反对传统文化和现代化;以欧洲中心主义的视角作为看待问题的标准,否定了世界各民族国家文化发展的多样性和差异性。民族(文化)虚无主义不仅会导致民族自信心和自尊心的丧失,消融人们的爱国主义热情,破坏民族文化的凝聚力和向心力,甚至会使整个国家失去固有的优势和特色。

(三)集体虚无主义

集体虚无主义,缺乏对公共福利、公民观念和奉献精神的认识,否认利他主义价值观的合理性,否认组织的团结功能,将组织直接视为一种专制统治,消除个人独立性,对集体采取功利主义态度。① 集体虚无主义是对集体主义的否定。马克思主义经典作家斯大林认为,个人和集体之间、个人利益和集体利益之间并不是对立的,因为集体主义、社会主义并不否认个人利益,而是把个人利益和集体利益结合起来。只有社会主义社会,才能充分满足和保障个人的利益。集体主义强调纪律性和归属性,它是社会主义的基本价值原则。就个体而言,集体虚无主义是以彰显个性自由和维护个人利益为由,否定集体主义的基本价值原则,将个人的利益与集体的利益相割裂,为了获得个人利益的最大化不惜牺牲集体利益。对集体主义的虚无,会导致极端个人主义和功利主义,使人们失去纪律性和归属感,最终走向破坏社会合心力和民族凝聚力的无政府主义。就社会而言,集体虚无主义会衍生出民粹主义和犬儒主义。民粹主义本身并不是虚无主义,它是激进的无政府主义兴起的社会心理基础,但激进的无政府主义却因拒斥国家的集聚意义而导向了集体虚无主义,并因此裹挟民粹主义。② 民粹主义不是简单地反对精英主义,而是一种扭曲的极端民粹主义,它极其强调平民的价值诉求和利益,并幻想将其作为全社会的理想加以推广。民粹主义一旦成为极权政治的统治工具,公众将失去人民性。

(四)道德虚无主义

道德虚无主义认为世界上没有任何东西本质上是道德的或不道德的,道德源于建设,是一套人为的复杂规则和建议。道德信奉者可能具有心理、社会或经济的优势,但道德本身并不具有真实性。道德虚无主义者认为世界上没有什么可以拯救,因为他们在生活过程中遭受了一些小创伤,然后将所创造的相对绝对性绝对化,从而形成了道德虚无主义的理论体系。这种理论往往找不到道德的真正的支撑力,但由于信仰和

---

① 邹诗鹏.虚无主义研究[M].北京:人民出版社,2016:283.
② 邹诗鹏.虚无主义研究[M].北京:人民出版社,2016:293.

理论本身的独特性,它常常在非常糟糕的情况下为自己感到自豪。道德虚无主义认为所有的价值观都应该被轻视,所有的意志都应该趋于虚无。在这些价值观的不断冲击下,人们头脑中原有的"道德""至善"的神圣核心价值体系崩溃了。道德信仰的崩溃意味着卑微与善良、世俗与神圣、亵渎与崇拜之间没有区别。一切都不是道德的,也不是不道德的。随之而来的是美与丑、对与错、善与恶之间没有区别。最后,道德虚无主义的场景形成了:幸福高于道德秩序,快乐高于禁忌,诱惑高于约束。道德行为的善良与邪恶的标准丧失,社会秩序混乱不堪,整个社会动荡不安,人们的生活从立体化走向平面化,亲情、友情被扭曲,人与人之间缺少信任,人与人相互关系疏离和冷漠,崇高的道德理想被嘲讽和调侃,社会原有的价值体系也必然遭到摧毁。现代社会道德虚无主义的诸多消极后果已经在现实生活中逐步显现,必须加以抵制。

以上四种虚无主义的基本类型存在于现代工业社会的各个领域,且几种虚无主义相互之间又是不断交融和相互渗透的,从而极易衍生出新的形式,也更为复杂和难以察觉。总而言之,虚无主义的诸多类型,也从不同维度表现出现代工业社会人们所遭遇的各种消极和否定的精神处境,但它们还并不是具有根源性和总体性的呈现。笔者认为,其最为根本的是价值虚无主义,即人们没了信仰、没有了为之奋斗的(目标)理想、没有了生活的意义,正是这种负面的价值转化为了虚无主义。价值虚无主义不仅体现的是整个社会所面临的精神危机的总体状况,同时也体现了个体的价值观和人生态度。价值虚无主义的形成,必然反映着现代社会人们精神生活的某种真实状态,拷问的是人的存在的意义和人生意义与价值的问题。因此,价值虚无主义是具有根源性的,是一切虚无主义形式的本质呈现。现代人必须以更加敏锐的判断力和批判力进一步深入思考虚无主义问题,守护住我们共有的精神家园。

第二节 现代虚无主义的精神症候

现代虚无主义表现出诸多的精神症候,从总体上看来具体表现为:一是精神的焦虑;二是崇高价值的失落;三是享乐主义的侵蚀;四是功利主义的流行。这些表现也充分说明虚无主义问题已经成为现代社会的主要危机,并且越来越表现为精神的危机,需要引起我们足够的重视。

一、精神的焦虑

现代社会,伴随着物质财富的丰盈,信息化、网络化的迅速发展,极大地改变了我们的生活水平、生存方式乃至思维方式,人们生活在五彩斑斓的商品经济世界中,但是似乎一些人的精神世界却更加贫乏和空虚,甚至找不到生活的意义和存在的勇气,无家可归成为部分现代人无法逃脱的命运。有些人不想沉思价值,而只愿追求感性的享受;有些人不想关注内心真实的情感,而只愿关心身外之物;有些人没有了心灵的平静与澄明,只剩下占有的冲动和没有占有的焦虑。当确定性的崇高意义的精神追求蜕变为生存的本能,一些人崇拜科技理性,迷恋资本逻辑,信奉金钱拜物教,他们的社会生活逐渐陷入物欲主义和虚无主义的泥潭,由此带来的是无尽的焦虑、孤独和试图超脱却又不得的无奈与悲观。

一些人对于物质欲望的疯狂追求,对于娱乐消费时尚的追捧,使他沉醉于各种诱惑中难以自拔,他似乎更加忙碌,穿梭和奔波于各种不断变换的人、事、物中间,他的精神生活、内心世界被外在的物欲所占据,根本无法回归于内心的平静和澄明,以至于有些人不得不通过占有物和消费物来获得内心暂时的幸福感和满足感,从而消除暂时的精神空虚和精神无助。一些人用无限的消费欲望、物质的刺激和满足来拯救精神和灵魂的痛苦以及生活的困惑,最终逃脱不了自我意识的困惑与无意义的生存悖论。期待越高,失望越大,也就越容易焦虑和惶恐不安。思想家蒂利希就曾明确指出人们所经历的三种不同的焦虑:古代人焦虑于死亡和命运;中世纪人焦虑于原罪感;现代人则焦虑于已经得到的很可能失去。但是,最根本的焦虑乃是来自生命意义的丧失。面对生活节奏的加速和生存压力的不断加大,这种焦虑感会愈加强烈和持久。尽管这些人可以获得一切外在之物,但是却无法获得自身存在的意义感。因为意义的获得是专注于人的内在的精神世界,也是丰盈和持久的。当人的精神失去了对人生意义的形上追求,被物欲所侵蚀和占据时,也就不可避免地陷入到空虚和焦虑之中,感受着价值虚无的悲哀。

二、崇高价值的失落

崇高价值指的是人生中有某种超脱于世俗利益的精神目标,它引导和提升着人类的精神追求,使人的心灵充实,安顿人的存在,赋予人存在的勇气,人的生命由此而获得一种崇高的意义感和归属感。人们对于崇高价值的追求使人的精神摆脱了虚无性和不确定性,使人重新获得了有家的存在感和意义感。在纷繁复杂、变幻莫测的现代社会,人们已经与传统决裂,从封闭走向开放,人们的自由意识不断增强,个体化和独立性不断强化,但是有些人的心灵却失去了寄托,没有了为之奋斗的目标,似乎一切都变得无意义,这些人的生活失去了方向感,不知道自己想要什么,也不知道自己应该做什么,更看不到自己的未来在哪里,也不知自己存在的意义,那么只能陷入迷茫和痛苦中无法自拔。特别是随着现代化进程的快速发展,现代科学技术成果以几何级数不断增长,并迅速地得到普及和应用,人们对科学技术的依赖程度和追求程度越来越高,它在改变着我们的生活水平和带来巨大便利的同时,也使得周围的一切似乎都缺少了一种神圣感和敬畏感。这些人仿佛置身于一座孤岛中,终日漂泊不定,越是自由,就越是孤独和没有安全感。

这种人与传统原始关系的断裂,崇高价值的失落,个体化的凸显,以及其催生出的工具理性都会消解和吞噬传统的"至善""完满"的信念,在工具理性合理化逻辑面前,人们不得不怀疑一切原本视为绝对真理和权威的价值,人们的真实的生活世界被实证化和数字化,人们不得不面对理想信念的虚无。一旦人们没有了明确的生活目标,找不到生活的意义和价值的归宿,人们的理想就会动摇,信念就会坍塌,个体就很容易产生强烈的虚无主义的情绪,甚至会自我怀疑和自我否定。正如叔本华所说:"没有任何事物值得我们奋斗、努力和争取,一切的财宝都是空无,这个世界终必归于破灭,而人生乃是一宗得不偿失的交易。"①对于一些人而言,对于生命终极意义、终极价值的关怀,衡量生活的意义的价值标准,寻求作为人的安身立命之本的那些崇高、神圣、令人敬畏的东西已经渐行渐远,物质世界越丰富,人们也越精于算计,也就越无法逃避自我意识的茫然无措和无意义的生存悖论,这些人不得不处于"生命不堪承受之轻"的畏惧与焦虑之中,感受着价值虚无的悲哀。

三、享乐主义的侵蚀

有些人把物质欲望的满足和感官的享受作为标准,一切需要都是以物质消费为基础的,精神和心理上的满足也是通过物质占有和享受来实现的,甚至吸毒成瘾似的沉陷在消费的享乐中不能自拔。现代人表现出的超前消费、炫耀消费,在一定程度上表明现代人的消费观念已由过去的勤俭节约和有计划的消费,转变为自由冲动和自我刺激的消费。现代消费已经不再是单纯地为使用物,而是成为一种显示声望地位和独特性的符号,控制着现代人的生活需求和精神的价值取向。事实上,我们只是在消费的过程中,体验购买物时带给人的一种感觉,一种对物占有的快感,一种欲望被不断满足的充实感和幸福感。随着高科技网络化手段的应用,大众传播媒介和虚拟的网络平台的大量出现,加之铺天盖地的广告信息和商品的展陈技巧,一种超凡脱俗的视觉画面和情景就会绽放在人们眼前,无形地诱惑和刺激着现代人的消费欲望,即时购买、及时行

---

① 叔本华.叔本华人生哲学[M].李成铭,等,译.北京:九州出版社,2003:280.

乐、追逐现实享乐的价值观念日益深入人心。

消费主义将消费和占有尽可能多的物品视为人生的终极价值,特别看重物质财富的获得,渴望拥有更高水平的收入,很关注经济的安全,以自我的利益为中心,更多地享有和占有资源为我所用,追求奢侈的和多元的生活风格,这很容易滋生享乐主义和利己主义,使个人对内在精神世界的关注陷入物质主义中无法自拔,这会导致个人道德责任感的缺失。当个体完全沉浸于消费欲望的满足和享乐时,就会忽视甚至放弃对他人、社会和自然的道德责任。更为严重的是,对于物质的过度追求会使人的精神迷茫、价值空虚,既然人的目标就是要获得感官的满足和快乐,自然不愿意从事实践活动,不愿意通过自己的劳动获得自我存在的意义和价值,而是陷入精神空虚,不思进取,意志消沉,在追求一切新奇和刺激的物欲和享乐中丧失掉自己存在的真正意义。

四、功利主义的流行

功利主义认为,人应该做出能"达到最大善"的行为,在追求最大幸福的过程中,不考虑行为的动机与手段,仅考虑行为结果的最终实现。特别是现代社会资本与市场的结合,科学与技术的联袂,打破了人与自然传统的天然原始联系,功利主义的价值观念越来越重,四处弥漫着物欲和功利,个人眼前的利益被放在首位,个人与世界的关系,变成了由各种交换、占有和控制形成的非人格化的外在关系,一切仅以自我为中心,为了实现个人利益的最大化,为了获得个人私欲的满足,甚至会不惜牺牲国家、社会和集体的利益,进而导致公共价值观念丧失,人生取向扭曲,社会核心价值体系解构,拥有金钱的欲望和物质消费的享受取代了传统社会对崇高理想价值的敬畏和追求。正如里夫金所说:"人们的需要和欲望、梦想和渴求,都被围于对物质利益的追求之中了。"①在市场

---

① 里夫金,霍华德. 熵:一种新的世界观[M].吕明,袁舟,译.上海:上海译文出版社,1987:22.

经济中,原子化的个体之间是相互竞争和敌对关系,"优胜劣汰、适者生存"的社会进化机制被完美地体现,每一个个体都与他人和社会是疏离的,为了获得更多的物质利益,有些人甚至践踏一切法律法规,抛弃了重义轻利、推崇道义、集体优先的传统价值观念,否定性和批判性维度丧失,在沉溺于物质的栖息地之后,人类失落了精神家园。

功利主义,对现代人价值和理性造成了巨大的解构力和吞噬力,开放、流动的商品经济,市场的求利思维,使人们在面对理想和现实、精神和肉体、道义和利益之间的巨大矛盾冲突时,传统价值体系中的节约、俭朴、自我约束和谴责冲动被不断地破坏,有些人道德和责任感缺失,善恶不辨,没有客观的道德约束,拜金主义和极端利己主义加剧。当然,追求物质利益本来无可厚非,一定的经济基础是促进人和社会发展的必要条件,但是,当对物质利益的无限需求和占有欲望成为一种常态,经济生活被泛化到包括道德、信仰等价值世界,精神生活的价值取向就会不断功利化,这些人可能会丧失掉独立思考的能力和判断力,唯"利益"独尊,迷失在功利主义的泥潭中无法自拔。托尼·朱特在《沉疴遍地》导论中指出了我们当下生活方式中的某种根本性荒谬:"我们把追求物质上的自我利益变成了一种美德:确实,恰恰是这种追求,如今构成了我们唯一幸存的集体目的意识。"①这种"集体目的意识"带给人的恰恰不是充实感和满足感,而是命运的悲剧感、生存的空虚感和生活的孤独感。

第三节　虚无主义成为亟待解决的重大理论问题和现实问题

如果说之前虚无主义问题还只是资本主义社会才有的消极的文化

---

① 托尼·朱特.沉疴遍地[M].杜先菊,译.北京:中信出版社,2015:1.

体验和文化精神,在全球化背景下和现代性条件下,特别是在"以物的依赖性为基础的人的独立性"阶段,虚无主义问题也显得越发凸显和重要。在吉登斯看来,人类的精神生活从传统到现代的社会变迁中,存在一个巨大的"断裂"——现代性。现代性由此处开端,意味着传统社会与文化结构的断裂,包括与传统文化价值系统的断裂,就已经预设了虚无主义,并且在不断累积的现代性物化处境中,虚无主义不断巩固和拓展,已经成为现代性的根本问题。

在西方传统社会,宗教是作为一种共同体而存在的,一般是一个在地域、交往及文化传统等方面相对稳定并且通过相应的宗教信仰得以凝聚的类群,它有统一的建制,包括宗教的教义、组织体系及生活方式等文化传统,人与人之间的交往往往立足于一个地方的、面对面的,以信任、忠诚、尊长以及建立在生物基础上的清晰的权威模式。而西方现代社会,传统信仰得以发挥作用的群际共同体形式已经不复存在。从宗教价值方面来说,宗教丧失了社会法权,退守到私人领域,幸福、正义、至善等价值观念不再具有普适性的客观尺度,同时,关于人生意义等安身立命之本的终极关怀问题,也变成了个人自我选择和自我决断的个人问题。如格里芬所言:宗教在它得以生存的程度内越来越被局限于私人事务;事实上,在公共生活领域中,上帝彻底消失了。在宗教组织形式上,近代以来,特别是启蒙理性兴起后,通过对宗教教义的批判、宗教神学的揭示和主观性的提升,宗教逐渐失去了在整个社会生活中的核心地位,并将个人的宗教信仰与特定的宗教生活及其组织形式完全区分开来。人们接受了这种宗教信仰方式。在西方现代社会,信徒可以不与任何具体的宗教组织关联在一起,个人的宗教体验可以成为自我宗教证明的方式,也就是说宗教信仰可以是个人私事,无须参加集体性宗教活动来证明"上帝"的存在;集体性的宗教活动也大为减少,信教徒本身也带有了相当的随意性。政教分离,宗教的社会整合功能弱化,教权屈服于王权,宗教信仰日益被世俗的利益所侵蚀,教徒的相对比例逐渐减少,人对信仰的虔诚度也相较于之前减弱,现代则进一步表现为价值多元和世俗化的趋势。

在韦伯看来,世界的"祛魅"是现代性社会的根本特点,也是意义危机的主要根源。"祛魅"了的现代性社会意味着宗教信仰的世俗化,意味着诸神纷争时代的到来,意味着从信仰到理性的转向,意味着人的主体地位的确立。海德格尔用"弃神"来表达宗教信仰的式微,指出现代精神生活之本质的根由就在于,"世界成为图像"和"人成为主体"。在前现代,人与世界的统一是通过"上帝"实现的。上帝是人类生活得以支撑的目标,然而,现代性以主体性原则取代了这一目标,确立了全新的现代文化形态。古典自然主义的世界观认为,世界的存在是稳定和和谐的,不是控制和改造的对象。人们必须通过平衡世界自然秩序和结构,建立能够自我维持的生活方式。然而,随着现代世界"祛魅"的深入,世界变成了"物质",不再有神秘和恐惧。在西方哲学视角下,世界的创造者不再是上帝,而是人自己。人成为存在的尺度和中心。人是一切存在的基础。人的主体性原则,将人提升到世界与存在的尺度层面上,强烈突出了作为主体个人意志的要求,世界是主体的创造物,人自身也成为他自己的设计者,然而,世界表象为基于意志主体的观看而形成的"世界图像",完全成为人的认识对象。启蒙了的世界之生存悖论在于,将人的精神信仰陷入对世界体认的困境和焦虑中无法自拔。人从世界的物象化的内在关系中离弃,恰恰是以人的物化为前提的,以追求世俗之物为最高价值的现代人在失去了终极价值和人生的意义之后,根本无法实现自我确证和自我认同,最终导致虚无主义的结局。

整个西方形而上学的传统,乃是追求绝对确定性内在意识的"绝对主义"。在本体论上,表现为对终极存在的探索;在认识论上,表现为占有终极解释和真理;在价值论上,表现为对绝对价值的崇拜和追求。应该说,传统形而上学的绝对意识反映和代表了人们在依附存在的境遇中突破现实局限、超越内在要求的愿望。这种对于绝对意识的追求是抽象化的和外在的,它所要求的绝对是脱离了相对的绝对,它所追寻的无限是脱离了有限的无限。在现代社会,当人以物作为依赖而挺立起自己本质的现实性和个体的独立性之后,这种抽象化和外在化的绝对意识必然遭到无情的消解。

相对主义是现代哲学的主流思潮。现代哲学认为,生活世界是一个不断变化的过程,因此没有绝对的确定性。认识到特定条件的真实性,肯定特殊关系的局限性,强调一切都必须在特定、特殊和变化的环境中理解,抛弃永恒和普遍主义的思想要求,构成了现代哲学的基本价值取向。相对主义当然有其深刻的合理性和积极意义,它使人们的思想从抽象和僵化的束缚中解放出来,使人们的精神从单一走向多元,从封闭走向开放,从任意走向宽容,从同一走向差异,从"拥有绝对真理"走向"确认相对真理",从求助真善缘通的绝对价值到选择创造属于自己的相对价值,内在表达着对外在束缚的反抗和对生命本性的追求。但是,相对主义和怀疑主义在批判绝对主义的同时,也总是遗忘自身的局限性,在把绝对相对化的同时,又不可避免地把相对绝对化了,结果相对主义在对绝对主义的无节制的消解中,又重新走向了一种关于相对的绝对主义之路。

在现代社会,人们想要找到能够使之坚定地毫不含糊地献身的终极价值的希望已经大大破灭了。相对主义,主张用感性认识取代理性,以特殊性取代普遍性;后现代主义以"怎么都行"对"一切权力话语"进行挑战、解构和戏谑。宾克莱在他的《理想的冲突:西方社会中变化着的价值观念》这一著作中,把我们的这个时代称为"相对主义时代",这种相对主义观念以前所未有的力量成为主导现时代的核心价值,一切传统和权威都遭到无情的消解和蔑视,那些原本具有绝对价值的东西,如实在、真理、善等等,失去了神圣的光彩,不再有绝对,不再有虚幻的价值,不再有整体的控制,似乎再也没有什么统一的标准和规则可以遵循,一切都成为碎片,"一切皆可以"。"现代西方人再也不知道他想要什么——他再也不相信自己能够知道什么是好的,什么是坏的;什么是对的,什么是错的。"①无意义似乎成为唯一可以确定的意义,每个人都处于永恒的怀疑和多元的困惑之中,最终陷入虚无主义的深渊无法自拔。

当现代人摆脱了人的依赖关系,从外在化"神圣形象"和抽象化的教条中解脱出来之后,人的感性欲求得到前所未有的解放,依靠对"物的依赖"挺立起自身的独立性,科技理性的发达也使人对感性生活的追求更具现实性,商品的大量堆积、物质财富源源不断地涌现,似乎使人神魂颠倒,陷入对物的迷恋中忘乎所以。在现代社会,工业和科学技术的进步在创造了辉煌的物质成果的同时,也促使了现代人物化意识的强化,"金钱"脱颖而出,完全被抽象化为所有价值的等价物,无可避免地成为人类生活追求的中心和衡量其他价值的唯一尺度。整个西方社会,似乎一切都待价而沽,人们似乎相信金钱就是万能的,拥有它就拥有了一切。在充满物欲和本能的现代世界里,人们的现实关切得到了无限的提升,但是,人内在的超越精神丧失,功利主义、实证主义、物质主义的价值态度充斥着这个物化了的现代社会。当今时代人们生活的真实精神状态,没有什么能因为存在的真实性而吸引人们。无论是快乐还是不舒服,努力工作还是疲劳,人们仍然只是在完成日常任务。人们日复一日地生活,唯一能激励他超越完成日常任务范围的愿望是在这台机器上占据尽可能好的位置。②

人们在享受不断改善的物质生活之余,也意识到了自己精神生活的贫乏。雅斯贝斯在《时代的精神状况》中,将世界的精神态度称为"实证主义"。在实证主义看来,只有客观的和可证实的东西才是真实的和有意义的。"实证主义者不想高谈阔论,而是要求知识;不想沉思意义,而是要求灵活的行动;不是感情,而是客观性;不是研究神秘的作用力,而是要清晰地确定事实。"③实证主义把人拉回到感性的现实生活中,却又

---

① 贺照田.西方现代性的曲折与展开[M].长春:吉林人民出版社,2010:82.
② 雅斯贝斯.时代的精神状况[M].王德峰,译.上海:上海译文出版社,1997:44.
③ 雅斯贝斯.时代的精神状况[M].王德峰,译.上海:上海译文出版社,1997:40.

以外在化的方式将个人客观化和功能化,一切需要都带有了利己主义的性质,现代人不再苦思冥想、沉思意义,不再向往生活世界的诗意价值,而是以物作为全部生活的中心,精神生活被彻底物化了。但人的内心深处毕竟渴望超越现实的有限性,摆脱无意义的生活,无意义的生活是现代人无法忍受的。所以,这些人为了逃避对意义的追问,就会陷入"刺激与厌倦之间交替"的糟糕的感性娱乐中,暂时缓解现实的苦楚与无奈。而"本质的人性降格为通常的人性,降格为作为功能化的肉体存在的生命力,降格为凡庸琐屑的享乐"①。物化了的精神生活,不仅没有承载起对人的存在的价值关怀,反而使人的存在陷入无意义的虚无主义之中。

部分人在享受着物质生活和科技理性带来的方便和舒适的同时,却日趋感到生活意义的虚无;在体验网络信息技术带来的无限量知识的同时,却日益感到自己不过是局外人;在拥有更多自由的同时,却惊人地发现自己竟无家可归,越加想逃避自由。遭遇虚无是现实关切无限提升、终极关怀失落的必然结局,已经成为我们所不得不面对的重大的精神危机。蒂利希曾深刻地指出,人把世俗的有限之物当作偶像来崇拜,最终必然陷入存在的空虚。

总之,在这个"世俗化的时代""相对主义的时代"与"物化的时代"的相互纠缠下,精神生活的丰富性、内在性、超越性维度的丧失,人的感性的物质生活与精神生活的知性对立,人存在的焦虑与意义的虚无越来越成为当今时代所面临的重大的精神处境,亟待解决。

---

① 雅斯贝斯.时代的精神状况[M].王德峰,译.上海:上海译文出版社,1997:40-41.

第二章　现代西方虚无主义
批判的思想理路

在西方现代社会,虚无主义的降临及它所表现出来的诸多精神症候,受到了现代西方思想家从不同角度的批判。尼采揭示了虚无主义与形而上学的本质关联,海德格尔认为虚无主义的成因是存在意义的遗忘,加缪则从批判荒谬的世界和荒谬的人来揭示"无意义",他们都努力致力于对虚无主义路径的探索,尼采重估一切价值用"权力意志的超人学说"彰显人的生命意义,海德格尔以"向死而在"与"诗意的栖居"来抵抗人的沉沦,加缪提醒和警示人们,要直面荒谬,以"反抗"来对抗虚无主义。由于篇幅有限,不可能一一列举出每一个现代西方思想家克服虚无主义的哲学努力,所以只能从整体上理解和把握他们的致思理路,选取具有代表性的思想家的虚无主义的批判思想加以分析。

第一节　剖析虚无主义的成因

一、虚无主义与形而上学的本质关联

19 世纪的欧洲,虚无主义问题成为主要的时代病症,同时也是重大的精神事件。尼采在他的哲学中首先与虚无主义相遇。尼采一声疾呼

"上帝死了",宣告了"那个最可怕的敌人"——虚无主义的来临。在尼采看来,虚无主义意味着"最高价值的自行罢黜"。西方社会基督教的"上帝"作为最高价值的信仰,构成西方文化主导的核心价值观念,代表着一种普遍的"超感性领域"的理想、原则和规范,它赋予世间的存在以某种目的、秩序和意义。在西方世界,"上帝之死"意味着超感性世界的坍塌,说明人类丧失了赋予人生存以最终根据、目的和意义的本体,其结果就是人类陷入没有信仰、没有目标、没有意义的虚无主义处境。

尼采不仅深刻地揭示了欧洲社会所面临的虚无主义困境,而且也揭示出造成这一困境的成因。尼采认为,虚无主义肇始于柏拉图主义,并且将柏拉图哲学称为一种"诈骗"。柏拉图将"善"作为最高的概念,并且虚构了一个"理念的世界"。理念世界的终极原因的主体往往是一种超感性的、自因的和非历史性的存在,它作为那个最高的终极存在,支配着一切事物。柏拉图把世界一分为二:一种是理念世界(又可称为可知世界、本体世界);一种是意见世界(又可称为可见世界、实物世界)。在他看来,理念才是本真的存在,事物不过是理念的影像、摹本,事物因为有了相应的理念,才有了作为那一事物的性质。柏拉图认识到,在现象界中不可能有永恒不变的东西,在它之外还存在另外一个稳定的、绝对的和永恒的世界。柏拉图的思维方式以在现实的生活之外建立一个抽象的超感性世界为前提,将其视为现实的世界本原,而整个现实世界成为这个原型的"复制品",二元对立的世界由此产生。这一思维方式决定了整个西方形而上学的传统,一方面把真实的东西虚无化,另一方面又把虚构的东西实在化。

近代哲学的蓬勃繁荣,笛卡儿"我思,故我在"的提出,证实了真实存在是认识的主体,重新恢复了人的理性能力和主体地位,开启了近代理性本体论的新方向。在尼采看来,笛卡儿哲学的出现对形而上学发起了最激烈的进攻,他的普遍怀疑原则要求怀疑一切曾经认为正确的东西,包括上帝的存在。实际上,这就是在向基督教世界宣战,以便为人类的理性留有地盘。尼采认为,笛卡儿哲学是"精神权利提高的象征",因而它是一次积极的虚无主义运动。笛卡儿对形而上学的批判,不仅以理性动摇了上帝在超感性世界的地位,而且实现了一次改朝换代的变革。

笛卡儿之后,从康德的批判主义开始,到黑格尔、叔本华,真实的世界不断地遭遇否定,在尼采看来,上帝失去权威地位之后,康德开启了第二次形而上学的虚无主义运动。康德通过"先天综合判断"以科学的方式来说明认识的界限和有限性,以此宣告以往一切形而上学都是独断主义的。尼采一开始赞扬康德的批判主义,但是,后来随着对康德哲学的进一步深入研读,尼采越来越发现康德对形而上学批判的极不彻底性,在谈及康德时用语也愈加犀利刻薄,甚至认为康德发起的是消极的虚无主义运动。

现实世界是一个不受自然因果律支配的自由世界。黑格尔把人的理性转化为创造一切的"绝对精神"。在绝对精神那里,辩证法的发展使其实现了思维与存在、主体与客体的统一,而这种统一的形式是极其武断的。尼采称其为:"一种辩证的宿命论。"在尼采看来,黑格尔哲学与以往绝对化善与理性的形而上学有着根本的不同,他的哲学中构造出一种泛神论的世界观,在现实的世界生成变化中必然存在着恶、荒谬、痛苦等。

在德国哲学之后,尼采认为,叔本华再次掀起虚无主义运动。叔本华揭示了两个世界:一个是作为表象的生活世界,一个是作为意志的"真实的世界"。按照叔本华的逻辑,人们所生活的那个现实的世界是不完美的和痛苦的,因而必须设定一个理想的世界存在。所以,他把整个世界都归结为相对于主体而存在的现象世界,并且否定它的真实性。在叔本华那里,"真正的世界"是把那形而上学的根据设想为理想的对立。在这个意义上,叔本华的虚无主义仍然是基督教一神论所编造的那同一个理想的产物。此后,叔本华认为,现实社会中的人并不明白,他们和他们的生活世界只是表象的世界,都不过是盲目意志的表现并受其所支配,任何试图实现自己的目的和理想的认知和行为,都只能给人带来痛苦。因为人的欲望是无限的和持久的,当人的一个欲望得到满足时,新的欲望就会随之而起。在叔本华看来,人生不过是在痛苦与无聊之间摇摆。尼采批判叔本华一味追求苦难之源,不相信事物是有意义的,否定生命的悲观颓废以及逃避现实的社会生活,这种悲观主义最终必然走向虚无主义。

二、存在意义的遗忘

海德格尔认同尼采把虚无主义的产生界定为形而上学本身所导致的存在之意义的缺失。但他认为,虚无(nihil)是一个存在概念,而尼采从价值论角度出发去理解虚无主义,并没有克服形而上学的局限,也根本无法揭示虚无主义的本质,他所谓的对虚无主义的克服,反而成为虚无主义的完成,成为"最后一位形而上学家"。在海德格尔看来,尼采的"最高价值罢黜"后的虚无主义界定,通过权力意志重估一切价值,无条件地肯定生命本身,以此来克服虚无主义,不但没有终结形而上学,超越虚无主义,反而陷入更深的虚无主义之中。

海德格尔认为,传统形而上学的一个致命错误就在于,没有了解某物怎样存在以前就先行肯定了它的存在。存在(sein)不是一个名词,而是一个动词。在海德格尔看来,尼采最高价值的废除还停留在寻求维持现代价值体系中,而存在仍然被归结为价值,成为权力意志设置的条件,这种价值还不是真实的存在,究其原因在于,存在者的表象遮蔽了存在,存在者与存在发生混淆。根据海德格尔的理解,尼采的虚无主义只是重置了新的价值的维度,原来的虚无主义——柏拉图主义只是被尼采置换了位置。在海德格尔看来,如果仅仅用感性基础取代原有的超感性价值基础仍然是追求主体性的权力意志的人格化,那么形而上学只是改变了形式而已,这种对形而上学的克服只能呈现并实现其最后的可能性,这已经成为一种虚无主义的完成。也就是说,尼采从价值论的维度去克服虚无主义的追求注定是以失败告终,最后仍然陷入传统的形而上学的窠臼中,并且这种无根的形而上学传统一直主宰着欧洲文明的命运。

尼采的虚无主义是一种价值重估,它标志着旧的传统形而上学的终结,人们一直在追问存在者,还没有进入真实的存在本身。虚无主义是将存在归结为价值,从"上帝"到"权力意志",再到作为价值根据的"主体"。从存在本身来看,那种按照价值来思考一切的思想是虚无主义。①因此,当我们从存在的角度来理解存在时,存在是被遮蔽的,只能作为一种价值发挥作用,根本就不让存在本身进入涌现中,也即进去其本质的生命力中。②由此,根据海德格尔对虚无主义的理解,虚无主义不是尼采所理解的超感性世界的缺失,而是存在的缺失。把存在变成价值,变成人设定的东西,是让存在不称其为存在,只成为存在者。海德格尔指出,尼采通过权力意志无限地展示存在的意义,试图以此克服虚无主义,但权力意志本身的支持者和发送者本身却是虚无的和无意义的,尼采在试图克服虚无主义的同时,其实又陷入了更深的虚无主义之中。因此,在海德格尔看来,虚无主义的本质是存在的失落和遗忘。根本没有存在,在存在者之为存在者的显现中,存在本身是缺席的。存在之真理是失落了,它被遗忘了。③如果要真正超越虚无主义的命运,摆脱无家可归的状态,就必须从认识领域转向存在领域,对存在进行澄明。

三、荒谬的世界与荒谬的人

在加缪看来,现实世界是"荒谬"的,并且他把荒谬界定为既彼此断裂又相互联结的矛盾关系,正是在生与死的不对等的斗争中,理性与非理性的无力对抗中,人与世界的悖离中,荒诞感油然而生。荒谬摧毁了一切的确定性,使人丧失了心灵的归属感,也瓦解了生命的意义和价值。加缪认为,虚无主义的本质是"荒谬",现实的世界和现实的人都是荒谬的存在。

加缪在《西绪福斯神话》中认为,"一个能用歪理来解释的世界,还

---

① 海德格尔.林中路[M].孙周兴,译.上海:上海译文出版社,1997:233.
② 海德格尔.林中路[M].孙周兴,译.上海:上海译文出版社,1997:237.
③ 海德格尔.林中路[M].孙周兴,译.上海:上海译文出版社,1997:269.

是一个熟悉的世界,但是在一个突然被剥夺了幻觉和光明的宇宙中,人就感到自己是个局外人。这种放逐无可救药,因为人被剥夺了对故乡的回忆和对乐土的希望。这种人和生活的分离,演员和布景的分离,正是荒诞感"①。荒诞感的本质即人与存在根基的分离。就如同尤金·尤涅斯库所说:人被切断了他的宗教的、形而上学的,以及超验主义的根源,人就失落了;他的一切行为都变得毫无意义,十分荒诞,毫无用处。② 原初世界能为人们提供安身立命之本的东西都坍塌了,现实的世界是动荡不安的,充满了不确定性,人们不知道自己真正想要的,也不知道自己存在的意义,完全被遗弃于一个陌生的和异己的世界中,无家可归;人与世界的和谐被打破,人已经感觉不到自己是世界的一部分,随之而来的是莫名的孤独和因生命意义失落的痛苦,虚无便成为荒谬的尽头。

在荒诞感产生之前,世界不是以人类理性的表象方式呈现,科学把我们引入庄重的殿堂,世界的荒谬,非理性在此体现。比起把世界变成一个大的公式,加缪更愿意用灵魂去感受世界,人们渴望用理性尽量去理解这个世界,对世界有一个明确的认识,但理性本身有其自身的局限性,人感受到的世界却是混沌的,充满矛盾的,人的理性无法澄明整个世界的实质和规律,在这里,世界的非理性已经揭示出来。在加缪看来,把各种非理性的东西抽象化成一个不可知的整体,去解释一切存在,这是不符合逻辑的。人们通过信奉那个全知全能的存在,为人提供精神慰藉,为人相信永恒,为帮助人逃避不可消除的荒诞感,提供了一个很不可靠的借口。在加缪看来,荒诞感的产生彻底打破了世界的可能性,对人类来说呈现出完全的密闭无隙性,世界离人越来越远,人也越来越失去具有人性的内容,尽管处于万千事物的包围中,精神却感到前所未有的孤独和无意义。在加缪看来,死亡本身也是荒谬。人在意义的世界中,

---

① 加缪.加缪文集[M].郭宏安,袁莉,周小珊,等,译.南京:译林出版社,1999:626.
② 林骧华,朱立元,居延安,等.文艺新学科新方法手册[M].上海:上海文艺出版社,1987:446.

渴望永生，但是，人毕竟是会死的，死亡的必然性使生命的一切都归于虚无，这同样是荒谬的。

"荒谬产生于人类的呼唤和世界的无理的沉默之间的对立。"①人为什么会发出呼唤呢？加缪在《西绪福斯神话》中描述着人们循规蹈矩、日复一日的生活方式，有一天人们对为什么要这样生活的疑问油然而生。"厌倦处在机械生活行为的结局，但又是启开意识活动的序幕：唤醒意识，触发未来。未来，要么无意识返回锁链，要么彻底清醒。"②在加缪看来，荒谬的体验便是行为与超越这个行为的世界所进行的较量和斗争。一方面是人们对统一性和确定性的渴求，对形而上的追求；另一方面则是对世界的不可理解。荒诞感既不在于人，也不在于世界，而在于人与世界的共存关系的矛盾中，是人类永远无法回避的生存问题，最重要的是在意识到了荒谬之后，人类如何面对荒谬以及做出怎样的选择。

加缪认为，在绝对意义空无的荒谬世界，一切都充满着恐惧和黑暗。当自杀者承认自己对生活不理解，再也没有任何理由支撑自己生活下去时，人的精神也便走向了绝望和自杀。荒谬很容易激起自杀者对虚无的向往，通过自杀到达另一个世界来结束生命的虚无，其实精神遭遇的荒谬并没有真正得到解决，而是对荒谬的逃避，因为只要人存在于这个世界之中，荒谬就永远存在，荒谬与人是共生关系。因此，加缪认为，通过自杀抵达虚无实际上是在逃避荒谬，这也是他所反对的。

---

① 中国社会科学院外国文学研究所《文艺理论译丛》编辑委员会. 文艺理论译丛（3）[M].北京：中国文联出版公司，1985：331.

② 加缪. 西西弗神话[M].丁世中，沈志明，吕永真，译.南京：译林出版社，2017：86.

第二节　探索超越虚无主义的路径

尽管虚无主义问题成为现时代社会一个很难解决的精神危机,但是西方现代哲学家也在以不同的方式和不同的理论视角对现代虚无主义进行批判,并且努力致力于对虚无主义路径的探索。尼采的"权力意志的超人学说",海德格尔的"向死而在"与"诗意的栖居",加缪提醒和警示人们,要通过"反抗"来对抗虚无主义,这些致思路径的探索为我们探索超越虚无主义的现实道路提供了重要启示。

一、超人哲学彰显人的生命意义

尼采对虚无主义的超越寄托于"权力意志的超人学说",从而彰显人生命的意义。他在揭示和批判虚无主义的基础上,将虚无主义分为积极的虚无主义和消极的虚无主义。前者体现为精神力量的增长和提高;后者体现为精神力量的衰落和倒退。尼采从生命的角度出发,以权力意志为准则,破除以往由基督教和形而上学为主导的一切思想文化和道德观念的权威,推翻一切旧价值,开启新的价值维度。

在尼采看来,苏格拉底以来理性主义支配下的思想文化的一个根本性问题,就是扼杀了具有独特生命的个人。在这样的价值观念影响下,人尽管被描绘为宇宙的中心和周围世界的建设者,但事实上却要服从普遍纯粹理性的绝对命令,遵循"奴隶道德",缺乏激情和创造性,因循守旧、不敢去创造新的东西,陷入狭隘的实证主义,从而最终变成一台死的机器,看不到未来的希望,丧失人生的意义和价值,陷入虚无主义的绝望。在尼采看来,以往在传统理性主义支配下的所有"概念",如实体、真理、意识等,都是虚构和荒谬的,掩盖了人的生命本能,根本不能赋予人的生命以意义和目的。因此,为了摆脱这种对人生命本能的压抑,使人的生活和道德行为具有真正的价值,必须摧毁传统的旧有观念,以彰显人的生命本能力量,创造以人的生命为出发点的"权力意志"为准则的新的价值观念。为了克服虚无主义,尼采把虚无主义推向极端,提倡一种彻底的虚无主义。在尼采看来,根本就不存在一个真正的世界。"一切皆虚妄!一切皆允许!"那个被悬设为现实世界和人生根据的"真正的世界"坍塌了,没有灵魂不死,再没有一个全知全能的上帝约束人了,也没有了道德存在的根据,"一切皆允许"。在尼采看来,以往的形而上学和基督教信仰,哪怕是"虚妄"的,也可以立足于生命树立新的价值,从而解释新的世界。

尼采的"权力意志"又称为"强力意志",是一种"积极的虚无主义"。尼采认为,人的生命力和本能不是来自外在的精神实体,而是来自人的生命本身。人的生命是一种冲动和创造力,它不仅能够自我保存和延续,而且能够不断地自我表现、自我创造和自我扩张。总之,在尼采看来,权力意志并不是现象世界之外的东西,而是人内在的本质,一切事物都是由权力意志所决定的,人的权力意志与人的存在及其思想和行动是统一的。在这一点上,尼采与叔本华有很大不同,后者把意志和人的关系看作一种外在关系。尼采提出要重新估计一切价值,也正是基于对人生能动性和创造性的一种肯定,世界的历史、宇宙的一切都是权力意志的生成和毁灭的永恒轮回,只有"强力意志"不断"生成",生命才能超越生成而趋向永恒,人的一切活动都处于一个圆圈中,人的意义和价值在现实的世界,而不在彼岸世界。

尼采在重估一切价值之后,发现狄俄尼索斯的酒神精神能够表达人的深层存在。尼采认为,酒神精神体现了一种无限的和永恒的生命力量,它意味着人最初的生命本能和冲动都能在酒神精神下获得解放、实现自由,而不用受到任何观念和规则的制约。在酒神的世界中,人的心灵深处会得到充分的表达,人的精神状态是自然的和轻松的,人与人之间的关系完全是平等的和开放的,人的生命与世界真正地融为一体,在那里,人们完全投入生命的本真状态,感受生命的内在力量和成为本真的自我。于是,尼采将拥有酒神精神的人寄希望于"超人",以此来克服彼岸的虚无。

毫无疑问,人是一种文化存在,只有人才能构建一个有人类意义的世界。尼采认为,真正的哲学应该是关于人的理论,他清楚地意识到苏格拉底和基督教文化哲学对人性力量的压制,并对现代虚无主义进行了独特的理论批判,尼采的"超人"哲学构建起了新的价值体系。在尼采看来,西方文明并没有使人类越来越繁荣,而是意味着人类的退化和堕落。19世纪的西方社会,价值体系崩溃,虚无主义泛滥。市侩文化充斥整个社会,真正有意义、有价值的东西不复存在,随之而来的是对人的生命本能的压制和扼杀,尽管物质财富和科学技术取得了重大进步,而人的精神世界却日益贫乏。整个形而上学体系的崩溃,宗教和理性主义所鼓吹的"真正世界"虚假性的暴露,人的生命本性的降格,使人处于无家可归、失去理想目标、没有意义和价值的虚无主义处境之中。为了重新肯定人的价值和意义,找到属于人的安身立命之本,将人的生命力量和人的自由创造本能解放出来,超人成为人的新的上帝。在尼采看来,超人是挽救人类堕落的力量和希望,只有超人的出现才能有未来,"超人就是大地的意义"①。

在尼采那里"超人"是一种理想化的人格,与现存的所有人都不同,他甚至认为,在人类历史和现实社会中最伟大的人物都不是超人,包括查拉图斯特拉也不是。超人究竟是怎样的人?尼采本人也并没有给出确定的回答。但在综合尼采对"末人"的隐喻来看,超人具有三个主要特征:感染性、破坏性以及创造性。

首先,超人是权力意志的理想化和人格化,是"最为疯狂的传染者"。尼采认为,超人有着不同于传统的和大众道德的一种全新道德,他是最具个性和创造力的人,是生活中的强者。超人似乎拥有世间一切的能力,本身不受任何教条主义的制约。尼采的超人学说,具有强烈的感染

---

① 陈鼓应.悲剧哲学家尼采[M].上海:上海人民出版社,2006:121.

性,他让人从两千年来的西方传统的迷梦中惊醒,重新审视这个已经面目全非的、压抑至极的世界,重新审视以往自己所坚持的价值,重新审视自己的生命本性以及重新审视自己存在的意义和价值,并且开始关注和重视人的生命本能。

其次,超人是对现存价值体系的破坏者。具有强力意志的超人就是要摧毁持续两千多年的西方传统形而上学体系,重估一切价值,揭露传统形而上学所悬设的超验价值和理性道德法则的价值体系的虚幻性和欺骗性,从而警醒世人,让世人知晓,破坏的目的不是要摧毁而是要建立起一个新的价值体系。

最后,超人是新价值体系的创造者。创造性是超人的最重要的特征,是生命本质的体现。重估一切价值,让人们意识到他们的生命本能不是屈从于外在的神或真理,而是要尊重生命本身。在尼采看来,拥有奴隶道德的人是缺乏旺盛生命力和奋斗激情的人。奴隶道德是弱者的道德,宗教便是如此。这种道德从本质上压抑了人的生命本能,泯灭了人自我的创造性和进取精神,导致了人的生命本性的丧失,而且造成了整个欧洲文明的衰落和颓废。所以,尼采认为,必须摆脱这种传统奴隶道德的束缚,建立起使人的生命和本能得到充分发挥的主人道德。在尼采看来,拥有主人道德的人是高贵的,他们是自己的主人,是上等人,是贵族。他们不会人云亦云、碌碌无为、浑浑噩噩地生活,他们敢于发挥个人的创造性和能动性。因此,尼采认为,建立起主人道德的超人就是要彰显生命的本能,要树立起意志的威信,超越传统的善恶观念,实现自我的自由,世界才会有希望,虚无主义的枷锁也最终得到克服。

二、向死而在与诗意的栖居

在海德格尔看来,"烦"和"畏"是虚无主义的本质性的特质,代表着人的沉沦。海德格尔否定了传统形而上学主客二元对立的认识论观点,主张从人与外物和他人的关系的活动来揭示人与世界的关系,包含着一定强调实践活动的作用和发挥主观能动性的积极因素。但是,在海德格尔看来,人们在日常生活中却往往丧失掉人的本真性的存在,以至于失去自己的独特个性,不再是独立自主而是受到他者的约束。在海德格尔看来,在日常生活中的人的存在都是处于"常人"支配下的,这种人的存在都是非本真性的存在,其导致了人的平均化后果,抹平了人的一切可能性,使个人失去了独立性和创造性,取消了个人对于信念和行动的选择权利和个人所应承担的社会责任,人们处于人云亦云、追新猎奇、投机取巧、不切实际的幻想中。人只要生活在世界上,就必然被"常人"所支配。因此,这必然导致"此在的沉沦"使人处于异化的生存状态,人们的日常生活也处于一种动荡不安、模棱两可的虚无主义的处境之中。

既然在人的现实生活中无法达到本真的存在,为了达到此在的本真的存在,就必须另寻他途,海德格尔找到了人的"畏"并以此超越虚无。海德格尔认为,"畏"是虚无主义的本质。怕还是人们在日常生活中的一种当下状态,人知道怕的是什么,还不是此在的本身,而畏是完全不确定的。这就是说,畏启示着虚无,但虚无不是什么也没有,而是作为可能性的在世,正是这种虚无使此在的在的具体形式成为可能。在畏的这种情绪中,人们超脱了日常生活和他人的外在限制,摆脱了人的沉沦的异化状态,个人可以自由选择和谋划自己的人生,领会到作为自己的那种本真性的存在。但是,形而上的失落注定使人茫然无措、无所依靠,人们又陷入莫名的恐惧,心甘情愿地受"常人"的支配,以便可以心安理得地"有家可归"。因此,人们任凭自己逃离到使人麻木异化的、沉沦的日常生活中去,人生怎也逃不过惶惶不可终日的虚无主义命运。

尽管"烦"和"畏"的情绪使人丧失掉人之为人本真的存在本性,而不得不逃避到世俗的社会生活中去,但人终究逃脱不掉死亡,人毕竟是有死的,必须"先行到死中去",才能领会此在的本真意义。人们在世俗化的日常生活中,总是处于各种的烦心和麻烦之中,总是感到世界和他人是陌生的、冷漠的,感到自己处于一种惶然失所的孤独和不安中,似乎总是受到外界的制约。然而,当人们面对即将到来的死亡时,他们会把所有所谓的"烦"都视为过眼云烟、空中楼阁或虚无,而剩下的只是个人独特的生命本性。一句话，就是要把个人嵌入到死亡的境界，并由此超越一切他者，从而彰显人的本真存在。虽然死亡是无法超越，也是不可避免的，但是在死亡之前，人们可以实现此在的在的各种可能性，也就是置之死地而后生，连死亡都不害怕还有什么可怕的呢。对死亡的必然性的领会，不仅可以使人从沉沦和异化的虚无处境中醒悟过来，既不执着于过往已经实现的，也不胆怯地逃避死亡，又可以使人发现自己最真实的、最独特的生命本性，积极规划、提升自己，保持个性的独立和自由，领会自己真实的存在。也就是说，在有生之年按照自己的意愿去获得最好的自我实现，从而充分彰显人的生命意义和价值。

在海德格尔看来，现代是一个贫乏的时代，这并不是说我们缺少物质财富，而是由人的意志和技术确立起来的虚假的世界，把人赖以依存的价值、意义和真理挤压和占据，使人缺少太多非诗意的情怀。海德格尔以"人诗意的栖居"来寻找人类的精神家园，表达对人的生存状况的思考，试图以审美的人生态度和境界来克服现代虚无主义。人在诗中从事"筑造"活动，人的主观能动性得到积极发挥，这是人得以实现人生自我价值存在的重要途径，人终有一死，如若不想受制于抽象规定的统治，就必须试图摆脱虚假和不切实际的幻想，在天空与大地之间实现贯通，筑造起人类自己的栖居之处和精神之所，才会获得人的生命本真状态，从而通达"此在"。

三、直面虚无的反抗

雅斯贝斯认为，人类在失败和绝望中，恰恰确认了超生命意义的存在，荒诞因此成为一种可以照亮一切的最高存在，荒谬成为上帝。理性的有限性连接着上帝无限的永恒性，在克尔恺郭尔看来，正是由于世界的荒谬性，才愈发凸显了上帝的超越性存在。"荒谬就是——永恒真理进入时间中的存在，就是上帝进入存在。"①上帝通过牺牲理智，在对立

---

① 熊伟.存在主义哲学资料选辑(上)[M].北京:商务印书馆,1997:29.

和悖论的荒谬境遇才得以显现,他把荒谬视为上帝不在场时人放纵自己犯下的罪孽,他把理性置于信仰之下,投入上帝的怀抱,超越了对死亡虚无的恐惧,实现了人类与荒谬的和解,并重获希望。

在清醒认识到荒谬之后,最重要的是要超越荒谬,所以,必须采取行动对荒诞进行反抗。荒谬感给人的孤独、绝望与痛苦的生命体验,一方面,使人转向对超验上帝的信仰而获得心灵上的慰藉;另一方面,以结束生命的方式对抗荒谬。然而,在加缪看来,这两种方式都是懦弱的,是在逃避荒谬,他主张直面荒谬,"反抗"荒谬。人毕竟无法忍受无意义的生活,具备反抗精神的人(反抗者)才是生活的强者。

为了对抗荒谬,首先应学会正视荒谬、直面荒谬。在加缪看来,世界本身就是变动不居的和杂乱无章的,是不可理解和难以认识的。荒谬之人具有清醒的意识,不会去掩盖和回避自己所了解的各种荒谬现实,他们只会关注名为现在的"地狱",按照自己所知道的东西筹划和安排自己的生活,而绝不会引入任何不确定的"精神飞跃"。在加缪看来,即便生活是无意义的,也不应该否定和放弃生活,而更要去经历它和接受它。荒谬之人意识到了这无意义的荒谬世界之后,依然要继续生活、点亮希望之光。加缪一再强调,人、荒谬与世界是相互联系和相互制约的,破坏了任何一方,都会归为虚无,反抗也就无从谈起。

加缪提出"反抗"的概念,来反抗荒诞。反抗者并不是全盘否定一切,说"不"的同时也说"是"。"是"是"不"的限度和根据,如果反抗失去了"是"的根据,最终会走向自身的反面——虚无主义。那么,"是"指什么?"是"指人的尊严、爱、正义和人性。对无法忍受的状态说"不"的同时,实则肯定了另一种界限,在这种肯定与否定中的张力与平衡中赋予生活以意义,他不再追问人生的结果,而是投身到生活的过程的本身中,在当下的体验中实现着自己的终极追求。从而,在一定程度上超越荒诞与虚无。就像悲剧英雄西绪福斯,永无止境地推动巨石上山,他明明知道不可能到达山顶,却不肯做出任何让步,对他来说,"没有主宰的宇宙既不贫瘠,也不徒劳。石头的每一个原子,夜色朦朦的山上的每一片矿岩,本身就是一个世界,奋斗上山此事本身已足以使人心充实"①。加缪体验着过程带给他的"幸福",他用生命的尊严坚守着自由与希望,以肯定生命来对抗荒谬与虚无。这种积极的人生观告诫我们,虚无主义并非人生的终点,也是不可逃避的,只有在承认和积极面对虚无主义的侵袭时,才能对它保有清醒的认识并且超越虚无。诚如加缪所说:在"认识到荒诞之后,有尊严的生活是为生活而生活"。

第三节　现代西方虚无主义批判的内在局限

自尼采以来,诸多西方哲学家都把握到了现时代西方社会因信仰的失落所遭遇的精神危机——虚无主义,并且他们致力于对虚无主义成因的揭示、批判及超越,他们的思想无疑对我们研究虚无主义问题具有重要的启发意义。尽管西方学者理解虚无主义的方式不同,但相同的是他们都以敏锐的目光把握到了现代人陷入虚无主义困境的思想基础,他们对西方传统形而上学发起的猛烈批判和进攻,都是比较深刻和具体的,至今仍具有深远的影响,为我们研究虚无主义提供了重要的理论来源。但是,他们在经历如此复杂的批判和艰难探索的过程中,却始终无法战胜形而上学这个顽固的"敌人",始终无法解决现代性社会的虚无主义这一困境。这主要体现在如下三个方面:

首先,现代西方虚无主义批判还只是停留在对观念的理论逻辑批判上,试图单纯从精神文化层面彻底解决虚无主义问题。

西方学者在探究和反思虚无主义问题的过程中,往往会预设一个理论前提,把思想观念、精神文化隶属于独立的领域,从而把虚无主义单纯地看成现代社会的精神危机,因此,在他们看来虚无主义问题的解决也

---

① 加缪.荒谬的人[M].张汉良,译.广州:花城出版社,1991:158.

只能通过精神层面的改变来实现。尽管西方现代学者也看到了物化的现代性社会对于精神生活的影响,但他们却始终在意识的范围内对精神生活物化本质进行反思和探索,他们非常重视文化因素在社会批判中的作用。当然,在超越路径上也不免带有明显的乌托邦色彩。

西方学者始终无法解决现代性社会的虚无主义这一困境的根本原因在于,他们还仅仅停留于观念的理论层面来研究虚无主义问题,只是看到了虚无主义的严重性及其产生的思想根源,还不能真正深入到经济内部的秩序中,因而也就很难发现形而上学背后所隐藏的更深刻的社会现实根源和制度基础,他们并没有揭露出现代性社会虚无主义的真正内涵,也无法挖掘出现代社会人类走向虚无主义的根本原因。尽管他们都身处资本主义社会,却缺乏对于资本主义社会的制度批判和实践反思,特别是在资本主义制度下,出现的压迫和遏制人的某种抽象的统治力量,造成的人的生命意义的失落,最终导致人类价值的虚无主义。尽管他们要将长期以来被抽象存在所束缚和压制的人的真正价值归还给人自身,但缺乏对现代社会生活即对资本主义制度的深刻考察与批判,导致他们寻求解决虚无主义的路径带有某种主观主义的倾向,这是一种文化保守主义,他们仅仅停留在观念的理论领域,对虚无主义的超越方式是复古的,是退回到传统中,又遁入一种新的形而上学之中。而马克思则葆有积极的乐观主义精神,向前走,开拓了积极的社会进步论批判方式。

其次,现代西方虚无主义还没有超出西方中心主义的狭隘视域,没有实现自觉的省思和彻底批判。

现代虚无主义以西方理性形而上学的思想传统和理性精神为理论支撑,对于现代社会的发展状况也是以西方资本主义的社会发展现状为依据的。对此有学者认为,"西方马克思主义者的叙事立场在根本上是西方中心主义的,他们要么忽视东方,要么贬低东方,甚至将东方看作是西方厄运和灾难的根源"①。这种西方中心主义的立场,实际上还是形而上学主客二分的思维方式,这种思维方式只会遗忘人的现实的生活世界和人自身的存在,表达着抽象的二元对立的知性思维和极端外在的价值态度。可以说,西方现代性话语体系和思想文化本身就是以自我为中心的,蕴含着高高在上的霸权观念,因此,这也已经决定了他们注定无法从根本上摆脱虚无主义的困境,只能在自己所设置的圆圈里打转。

其三,现代西方虚无主义批判还没到达辩证法的理论自觉,带有明显的悲观主义色彩。

西方现代哲学家基本是在思想观念层面去批判现代虚无主义的,尽管有的西方学者也运用历史唯物主义的观点,但是缺少实践的观点和历史发展的辩证维度,不免对现实的改变带有悲观主义的态度。在海德格尔看来,笛卡儿、黑格尔和胡塞尔实际上都属于对理性形而上学的不断建构,这些努力合理化消除了虚无,但与此同时,它们又遮蔽了人真正的虚无主义状态,将人从历史中抹去。要想真正改变这种状况,实现对现代虚无主义的超越,必须把人的生存处境与现实社会生活世界的实践活动结合起来,以积极乐观主义的现实态度走出现代性批判的悲观主义。

总之,马克思立足于历史唯物主义,在进一步深刻揭示形而上学的现实基础上,展开对资本主义现代性社会历史批判,揭示使人物化或异化的生存处境与无意义感,提出了科学的社会主义或共产主义的价值观念和社会理想。对于马克思来说,虚无主义的超越是要在推动资本主义现代性社会的转变与发展、人类历史的发展的进程和规律中探索和实现的,其中,历史唯物主义彰显出独特的内涵和价值。

---

① 袁银传,杨乐强.西方马克思主义的批判路径及其启示[J].中国社会科学,2012(5):41.

第三章 历史唯物主义对现代虚无主义思想基础的批判

　　对于何为虚无主义的问题,尽管许多哲学家都有各自不同的理解和表述,但基本可以达成共识的是:虚无主义与形而上学内在相关。每个民族和文化样式都有各自对自然、社会、人生、历史的独特性理解和文化表达。作为一种哲学形态的形而上学在整个西方哲学史中一直长期处于重要的核心地位,它塑造了西方的思维方式和价值体系。启蒙以来,构成西方生活根基的形而上学被不断地质疑和侵蚀,直到虚无主义成为重大的理论问题和焦点性的现实问题。马克思接受理性主义的积极成果,但坚决反对和批判形而上学对"超验性"的抽象建构,这种"超验性"的形而上学将世界一分为二,神圣的超验性世界被实体化,世俗的经验世界被虚无化,当建立在价值根基之上的虚假性被揭穿以后,整个价值体系也就失去了存在的根基,最为根本的是它否定人的现实生命和人的生命价值。因此,马克思坚决拒斥用具体的"实体"性的"概念""意识"来解释世界,这种解释世界的方式最终的结果只能导致理性与现实的割裂、超验与经验的分离,从而遗忘了人的生活世界以及人自身的存在与发展。从历史唯物主义的观点来看,必须关注社会历史的现实,关切现实的生活世界,立足于现实的个人,在人类变革的世界物质生产生活的实践中,理解把握现实历史世界的真实运动历程。

第一节　历史唯物主义批判现代
虚无主义的理论前提

传统形而上学所悬设的抽象的和虚幻的超验世界,总是脱离于现实人真实的生存处境、束缚人的存在、遮蔽人的生活世界,以外在抽象的、唯心主义的角度把握人的感性生活和理解人的本质,因而也就与真正的历史和人的生活世界"失之交臂",使价值没有了真实的支撑。马克思的历史唯物主义内在蕴含着批判现代虚无主义的思想资源,具体表现为:其一,历史唯物主义从根本上瓦解了西方形而上学传统,打破了思想观念统治着全部人类历史的哲学神话。马克思始终关注的是人类的感性经验世界,在马克思看来,观念、思想、意识就是现实生活世界的真实反映,解决思想观念、精神生活的问题必须回归于现实的生活世界。其二,历史唯物主义的秘密在于"人",人的根本就是人本身,现实的人是生活世界的主体,马克思从人的感性活动的实践理解和把握人的生存方式,从而实现了对西方传统形而上学世界观的颠覆,赋予了马克思主义哲学真实的意蕴。其三,在马克思看来,纯粹的理论批判并不能从根本上瓦解虚无主义产生的传统形而上学的思想基础,必须进一步深入到社会历史的批判中,才能使人真正回归于现实的生活世界,才能使人真正获得和实现人之为人的生命本质,从而为价值的存在提供坚实的根基。

一、回归于现实的生活世界

在历史唯物主义看来,社会存在决定社会意识,"不是意识决定生活,而是生活决定意识"①。马克思认为,思想、观念和意识是现实的人在现实的生活过程中,在一定的物质条件下从事物质生产活动的产物,意识不会凭空产生,而是人们现实生活世界的反映,并且随着人们物质生活条件的变化而变化,在现实生活中,人们的客观物质条件和主观世界都在不断地发生改变,从而丰富着人的精神生活。

传统形而上学对于人的现实生活世界的理解是通过实体本体论的方式展开的。本体论观念构成了整个西方传统哲学的最主要的理论形态,也最能体现传统形而上学的超验性本质。传统形而上学总是采取纯粹先验的原则和价值观念,追求隐藏在感性世界背后的"超验"的"本体",把它把握为一种实体性的存在,总是通过不断巩固和加强"超感性世界"对"感性世界"的统治和控制来设定"存在者的整体性"。正如海德格尔指出的那样,自晚期希腊和基督教对柏拉图哲学的解释以来,这一超感性领域就被当作真实的和真正现实的世界了。与之相区别,感性世界只不过是尘世的、易变的,因而是完全表面的、非现实的世界……超感性世界就是形而上学的世界了。② 这种所谓的本体论哲学构成了传统超验主义信仰观念的根基,它赋予了超验世界神性存在以逻辑必然性。传统哲学总是在人之外悬设一个超验的本体,使之成为人的安身立命之本,这种思维逻辑总是以纯粹的先验的理念为原则,把永恒的价值理想作为批判和建构现实的基础,以先验取代经验,以理念判断现实,以逻辑规范生活。尽管传统本体论从深层次上表达了人对超越现实有限性的内在渴望,但是,它以外在抽象的方式把握感性的生活世界和理解人,无视了人的现实生命活动及人的生活世界,遮蔽了人的现实性、真实性、丰富性与矛盾性,人具有了"非人化"的性质。人既在虚幻的信仰中实现这种终极关怀的关切,又无法摆脱精神的枷锁,人陷入两难的境地,迷失

① 中共中央马克思恩格斯列宁斯大林著作编译局.马克思恩格斯选集:第一卷[M].2版.北京:人民出版社,1995:73.

② 海德格尔.海德格尔选集(下)[M].孙周兴选编.上海:上海三联书店,1996:770 - 771.

了自我,陷入无意义的虚无主义。在尼采看来,西方的思想文化传统本质上就是一种虚无主义的文化,西方的思想文化对于最高价值的设定本身就蕴含着虚无主义的深渊。

传统形而上学到黑格尔那里达到顶峰之后,面对传统形而上学自身无法摆脱的理论困境和虚假观念的抽象统治,人们越来越意识到以概念为根基的形而上学世界是超验的、外在于人的生存世界,要想彻底摆脱传统哲学自身存在的理论困境和虚幻观念的抽象统治,必须使哲学重归于生活世界本身的实践进程中,关注现实的个人及其生活世界,重建哲学与生活世界的联系。马克思也认同尼采的观点,认为虚无主义与形而上学具有内在相关性。马克思批判黑格尔把抽象的思维作为衡量整个世界的尺度,割裂了人与现实感性世界的联系,造成了抽象精神与现实生活世界关系的颠倒。在马克思看来,黑格尔的哲学"汇集了思辨的一切幻想",整个传统形而上学都是建立在抽象的思维和无人身的精神实休之上。马克思要瓦解传统形而上学的本体论基础,他并不是从此岸世界出发,而是始终关注人类的感性经验世界,他在意识哲学的革命性变革超越了观念论的层面,开辟了一种新的思维方式和方法,马克思将人们的思想观念问题、精神生活问题回归于现实的生活世界,还原为现实的社会生活实践。

马克思认为,想要揭示抽象的和虚假的思想观念必须置身于现实的生活世界,思想观念是现实生活的反映,他通过批判宗教和黑格尔的法哲学,揭示了传统形而上学的存在论基础,进一步阐明了哲学与现实的关系。宗教作为那个时代人们无限信奉的偶像,在马克思看来,不是宗教创造了人,而是人创造了宗教,宗教不过是现实世界的客观反映,"人不是抽象的蛰居于世界之外的存在物。人就是人的世界,就是国家,社会。这个国家、这个社会产生了宗教,一种颠倒的世界意识,因为它们就是颠倒的世界"①。颠倒了的现实世界决定了宗教这种颠倒了的价值观念,而这种颠倒了的意识又反过来作用于这个颠倒的现实世界。马克思对黑格尔哲学的批判,"既是对现代国家和对同它相联系的现实所作的批判性分析,又是对迄今为止的德国政治意识和法意识的整个形式的坚决否定"②。思辨性的法哲学有一种抽象的、不切实际的思想,它忽视了真实的人,或者用虚构的反思满足整个人。马克思力图向人们说明,观念、思想、意识就是现实生活世界的真实反映,对抽象的和虚假的观念、思想、意识的否定就是间接地对这个现实世界的否定,要想彻底摆脱某种抽象的和虚假的观念统治,就必须彻底变革置身于其中的现实的生活世界。

马克思通过对旧唯物主义的批判,确立了现实的生活基础——人的感性活动即实践。旧唯物主义因以物本化的控制论思维,"对对象、现实、感性,只是从客体的或者直观的形式去理解"③,只是把人的精神意识活动当作一种对象性的客体去研究,从而无法解决人的内在的精神意识问题;唯心主义因为"是不知道现实的、感性的活动本身的"④,因而也不能真正理解人的精神生活。究其原因,他们没有立足于人的实践活动去理解人及其精神意识活动。抛开人特有的生命本性去理解人的思想观念精神意识活动,人的精神世界也就被抽离了人的特性,要么被看作与人无关的外在世界,要么被看成与人的理性相对立的非理性的世界。正因为如此,旧唯物主义失去了解释人的精神生活的权利。相反,唯心主义以抽象、超越的和宗教的形式发展了对人的精神生活的解释功能。⑤

① 中共中央马克思恩格斯列宁斯大林著作编译局.马克思恩格斯选集:第一卷[M].2版.北京:人民出版社,1995:1.
② 中共中央马克思恩格斯列宁斯大林著作编译局.马克思恩格斯选集:第一卷[M].2版.北京:人民出版社,1995:8.
③ 中共中央马克思恩格斯列宁斯大林著作编译局.马克思恩格斯选集:第一卷[M].2版.北京:人民出版社,1995:54.
④ 中共中央马克思恩格斯列宁斯大林著作编译局.马克思恩格斯选集:第一卷[M].2版.北京:人民出版社,1995:54.
⑤ 邹诗鹏.虚无主义研究[M].北京:人民出版社,2016:458.

在马克思看来,人的思想观念精神意识活动与现实生活具有内在的关联,"有生命的个体"作为全部人类历史的前提,必须通过外界对象性的实践活动在现实的生活世界中确证主体自身的存在与发展,这是人类社会生活的本质体现。从人的感性的实践活动出发,生活世界就不再是一个外在于人、自我封闭的既有存在,而是通过人的实践活动塑造的有意义、有价值的感性的生活世界。而人的精神生活也恰恰是通过人的实践活动表现出来的,对于人的主观的精神世界,必须把它"当作感性的人的活动,当作实践去理解,不是从主体方面去理解"①。

马克思同时告诫人们,一旦脱离了实践活动本身,无论是物质活动还是精神活动都难免会陷于抽象化的泥潭。人的精神生活作为重要的意义世界,是对现实生活的反映、反思与反省,它与人们的现实生活世界密不可分,正因为有了意义性世界的存在,人们才不至于被现实的生活处境所异化,才会感觉生活本身是属人的、是有意义的。实践是人的生命本质的存在方式,人通过自身的实践活动创造着这个有意义的精神世界,脱离了人的实践活动本身赋予精神世界以意义和价值,这个精神世界只能是一个虚幻的、虚假的"幻象",人的意义和价值也必然是虚无的、无意义的。

按照马克思的历史唯物主义观点,形而上学概念存在的基础在于构成这个抽象概念的社会生活。只有废除产生抽象思想的现实社会生活,才能从根本上废除抽象形而上学的观念统治,只有当我们的现实社会生活不再被抽象形而上学的抽象力量所支配时,形而上学才会真正走向终结。在马克思的历史唯物主义视域里,形而上学的终结不是思想观念的问题,而是要回归于现实的生活世界。现实生活的过程中,人们受形而上学的现实运作的抽象的物质力量的控制和支配,这有其历史的必然性,而这种抽象的扬弃并不是一蹴而就的,只能在人类历史发展的进程

---

① 中共中央马克思恩格斯列宁斯大林著作编译局. 马克思恩格斯选集:第一卷[M]. 2版. 北京:人民出版社,1995:54.

中,在不断实践的过程中创造条件来逐步解决。

马克思坚决反对以往传统形而上学把价值实体化、抽象化和僵死化,而是强调价值在人的现实生活和社会历史进步发展的实践活动过程中创造和生成,人的生命价值和意义全部蕴含在人的生命本性的实践活动中,价值本身不是现成的存在物,不是抽象的和虚幻的,而是人通过实践活动不断参与和创造才能彰显的,这也就彻底终结了内在意识的形而上学,并在此基础上敞开了自然主义与人道主义内在统一的存在论信念。

二、人的根本就是人本身

海德格尔认为,马克思达到了虚无主义的极致①,这是以马克思的"人的根本就是人本身"②为依据的,它不是一个政治命题,而是一个形而上学的命题。在海德格尔看来,尼采以一种具有权力意志的超人意志来取代传统的理性时,他不过是以形而上学的方式反对形而上学,还是一种柏拉图主义,是对虚无主义的完成,而马克思所强调的人是从事物质生产实践的人。尽管尼采和马克思对人有不同的规定和理解,但都停留在人类中心主义的立场,因为海德格尔认为,人成为主体的过程就是世界图像化的过程,人道主义本质上就是形而上学的,这并没有突出与传统形而上学的不同之处,反而进一步推动了虚无主义的展开。因此,海德格尔认为,"随着这一已经由卡尔·马克思完成了的对形而上学的颠倒,哲学达到了最极端的可能性。哲学进入其终结阶段了"③。但事实上海德格尔的理解并不符合理论的实际。

马克思在经过对费尔巴哈的人本学批判之后,事实上已经和传统形而上学划清了界限。1843 年以后,马克思逐渐认识到,作为形而上学的

---

① F. 费迪耶,丁耘.晚期海德格尔的三天讨论班纪要[J].哲学译丛,2001(3):59.

② 中共中央马克思恩格斯列宁斯大林著作编译局.马克思恩格斯选集:第一卷[M].2版.北京:人民出版社,1995:9.

③ 海德格尔.海德格尔选集(下)[M].孙周兴选编.上海:上海三联书店,1996:1244.

最终完成的黑格尔哲学,只是现实世界的逻辑表达,仍然在解释世界。人的本质是主体依赖于"绝对精神"的自我意识,仍然失去了感性生命的丰富性和多样性。因此,必须超越这种对人的抽象化理解。费尔巴哈的人本学以感性直观的方式批判了黑格尔的抽象人,提出了"人的根本就是人本身"的论断。然而,费尔巴哈把人理解为"感性的对象",人是生物学意义上的人,这还是建立在主客二分的基础上的,其结果只能是重新陷入伦理"爱"的宗教之中。因此,马克思必然要批判费尔巴哈的哲学,重新理解人的本质及社会的发展。

马克思不是把人的本质理解为主体自我意识和感性直观的个人,而是从感性的实践活动出发,理解和把握人自身及人的生命活动,从而实现了对传统形而上学的颠覆。马克思认为,人的本质就在于人的生命活动是"自由的有意识"的活动,通过改造对象性的实践活动,证明自己是自由有意识的类存在,并且也创造出一种新型的社会关系和交往关系。马克思明确提出,"人们的存在就是他们的现实生活过程"①。人们在创造自己的生活过程中,使得各种关系得以生成。马克思在《德意志意识形态》中反复强调,他所理解的真正的个人既不是费尔巴哈所说的具有固定共同本质的抽象个人,也不是施蒂纳所说的处于某种虚幻孤立状态的"唯一"个人,而是处于现实的某种社会关系中,在一定条件下从事感性实践活动的个人。传统形而上学从"本身中"或从"虚无中"去引申人,实际上是以抽象意识为前提去理解人和规定人,面对现实的生活世界时,必然导致人的现实生活非感性化和非历史化,这样,人的生命活动就会变得陌生而僵化。这实际上是以抽象的意识消解了人的现实存在,人的生命本质陷入无意义的虚无之中,遮蔽了现实生活的真实处境。感性的对象性的活动是人的本质外化的结果,是"对象性的本质力量的主体性",这样就融通了主客二分,实现了人与世界、人与自然的本质的统

---

① 中共中央马克思恩格斯列宁斯大林著作编译局.马克思恩格斯选集:第一卷[M].2版.北京:人民出版社,1995:72.

一。这里的"人"既不是抽象的个人,也不是原子化的个人,而是从事物质生产活动的现实的个人,是人类社会或社会化的人类。这样的人,通过创造性的感性的对象性活动,体现人的超自然的生命存在方式,使人的生命摆脱对外在自然界的给定性和依赖性,摆脱各种被奴役的社会关系,实现人固有的本质力量所具有的丰富性、无限性和超越性,使人固有的本质力量与社会历史性的本质得到统一,同时,人在自己的现实的生命活动中获得了美的享受,感受到生活赋予的意义性和人自身存在的价值。① 这里马克思已经超越了费尔巴哈式的"人的根本就是人本身"的抽象化理解,成为一种"彻底的自然主义或人道主义",这是"既不同于唯心主义,也不同于唯物主义,同时又是把这二者结合的真理"②。

总之,海德格尔还没有真正理解和把握住马克思主义哲学所具有的真实意蕴。以此出发,对马克思所做的评价即"马克思达到了虚无主义的极致"自然也是不切合实际的。事实上,马克思早已洞察到了传统形而上学的实质并对其展开了深刻的批判,只是海德格尔对传统形而上学的批判还停留在理论观念层面的批判,而马克思的批判是一种社会历史现实的批判。

三、社会历史批判:马克思的独特视角

如果说传统社会,人们还可以把自身存在的意义和价值寄托在上帝身上,平等地分享着同一个上帝作为最高价值的支撑,那么到了现代资本主义社会,在理性所宣扬的幸福与平等之下,工人阶级已经丧失了作为人生命存在的意义和价值的一切可能性。资本主义社会工人阶级在现实生活中的生存处境就是最好的写照。在所谓的自由、平等、民主的资本主义社会里,工人阶级作为现代文明一切财富的创造者,却挣扎在

---

① 黄学胜.虚无主义的症状、成因与马克思论虚无主义的克服[J].探索,2013(3):176.

② 中共中央马克思恩格斯列宁斯大林著作编译局.马克思恩格斯全集:第四十二卷[M].北京:人民出版社,1979:167.

贫困与饥饿的边缘,他们不得不被动地受到资本家的剥削和压迫,劳动的目的既不是为了满足自身的生存需要,也不是自我本质力量的实现,只能成为资本家最大限度地追求经济利益的工具。在对资本主义社会经济内部机制的深入考察中,马克思发现形而上学背后所隐藏的深刻的资本主义社会历史现实,揭露了在资本主义工业社会中人异化的生存状况与精神生活的沦丧,结束了纯粹思辨观念论的形而上学批判,而是致力于对社会历史现实和人的实践活动的现实观照,从而揭示出虚无主义产生的现实根源,表达了鲜明的历史唯物主义的态度。

在马克思历史唯物主义看来,形而上学的作为统治一切的抽象原则与现实生活世界中的抽象统治密不可分。形而上学的抽象原则本身就是现实生活世界的折射和抽象反映,同时现实生活世界的抽象统治又反过来表现为人类思想观念的抽象性。因此可以说,形而上学的抽象原则与现代社会的抽象统治具有内在的一致性。形而上学的现实运作,在不同的历史条件下会表现为不同的形式,例如资本逻辑、权力逻辑、技术逻辑、虚拟逻辑等等。当现实生活中某种抽象力量占据绝对的统治地位时,形而上学内在的"同一性"原则就开始了现实的运作,就会导致人的生存处境和社会生活陷入无意义的虚无主义之中。马克思的形而上学批判作为一种社会历史现实的批判,具有独特的理论视角,这是与其他形而上学家有着根本区别的地方,也是为什么说马克思并不是一个虚无主义者的关键。

深入到人类的现实生活的实践中,马克思就首先洞察到了传统形而上学所具有的意识形态本质,以黑格尔为代表的传统形而上学是从意识、思想或概念出发,以为人类实现真理和解放为名,背后所隐藏的却是资产阶级对人们的欺凌、统治和压迫。事实上,这与宗教神学的掩饰和世俗安慰功能一样,反映着资本主义社会的异化现实,这两种观念之间相互依托,构成了凌驾于人的现实生活世界之上的自足的观念世界。在马克思看来,"全部社会生活在本质上是实践的。凡是把理论引向神秘主义的神秘东西,都能在人的实践中以及对这个实践的理解中得到合理的解决"①。意识在任何时候都只是被意识到了的存在,而人的存在就在他们的现实生活过程中,马克思看到了人的感性的实践活动所承载的本体论意义,因此,人类的社会实践活动贯彻于马克思形而上学批判的始终。

马克思极其关注现实人的真实的生活世界,而单纯从纯粹的理论批判,并不能瓦解作为理论形态存在的抽象的形而上学观念意识,而抽象的观念不过是这个现实社会中存在的抽象统治,这才是现实社会的真实反映。在马克思看来,"意识的一切形式和产物不是可以通过精神的批判来消灭的……而只有通过实际地推翻这一切唯心主义谬论所由产生的现实的社会关系,才能把它们消灭"②。而作为"道德、宗教、形而上学和其他意识形态,以及与它们相适应的意识形式便不再保留独立性的外观了……而发展着自己的物质生产和物质交往的人们,在改变自己的这个现实的同时也改变着自己的思维和思维的产物"③。在马克思看来,只有通过彻底的社会批判和社会革命,改变以往传统形而上学的思维方式,才能推翻一切使人受到侮辱、奴役、遗弃和蔑视的关系,才能把人从抽象的形而上学传统中解放出来,也才有可能找到超越虚无主义的路径。

在马克思看来,纯粹的理论批判并不能真正动摇传统形而上学的根基,我们要想实现对虚无主义的超越,就必须对资本主义社会历史现实进行无情的批判,揭露、反对和改变现实生活世界一切不合理的关系,在寻求和追溯形而上学的理论渊源和思想谱系的基础上,揭露其在现实生活中得以存在的社会历史根据,立足于现实的个人的生存处境及人类变革的世界物质生产生活实践活动中,消解形而上学的现实运作,从而在

---

① 中共中央马克思恩格斯列宁斯大林著作编译局.马克思恩格斯选集:第一卷[M].2版.北京:人民出版社,1995:56.

② 中共中央马克思恩格斯列宁斯大林著作编译局.马克思恩格斯选集:第一卷[M].2版.北京:人民出版社,1995:92.

③ 中共中央马克思恩格斯列宁斯大林著作编译局.马克思恩格斯选集:第一卷[M].2版.北京:人民出版社,1995:73.

主观上突破以往任何理论本身所设定的先验框架和规范。由此可见,马克思的历史唯物主义并没有单纯地把虚无主义理解为一种思想或是文化现象,而是理解为一种现实的社会现象。可以说,现代虚无主义是资本主义社会发展的必然结果。马克思在深刻分析和总结形而上学产生的思想根源基础上实现对资本主义社会历史现实的批判,通过变革资本主义制度彻底瓦解了西方根深蒂固的形而上学知性的思维方式,从而将理论批判推进到更深层次的现实批判,开创了独特的社会现实批判视角。

第二节　揭示现代虚无主义形而上学思想根源

形而上学因其人类理性独特的认识能力,超越了经验科学和建构了超验的世界。传统形而上学就是要追求高于现实绝对的超验性对象,同时又否定普遍的观念体系,这种形而上学自从柏拉图开始,"途经普罗提诺和新柏拉图主义、奥古斯丁和托马斯、皮科·德·米兰德拉、库萨的尼古拉、笛卡尔、斯宾诺莎和莱布尼茨,一直延续到康德、费希特、谢林和黑格尔"[1],可以说,整个哲学史就是一部形而上学和反形而上学的历史,形而上学本质上就是虚无主义的。作为一种具有批判性的、新世界观的历史唯物主义,其看待世界的方式与西方形而上学有着根本的不同:一方面,马克思坚决反对传统形而上学把世界二重化,揭露超验世界的虚假性,而是始终关注人的现实的生活世界,从根本上摆脱了真实与虚无的颠倒;另一方面,马克思始终关注的世界是"现实的人"的世界,把"现实的个人"作为人的主体性本质,坚决反对传统形而上学将人、自然与社会关系的割裂,而是从人的物质生产实践和人的感性活动出发,以一种

---

① 哈贝马斯.后形而上学思想[M].曹卫东,付德根,译.南京:译林出版社,2001:28.

符合人的生命本性活动的方式把握人的存在及人类历史的发展,因此,仅仅停留在"解释世界"还远远不能够超越虚无主义,必须"改变世界"。

一、拒斥形而上学的超验世界

马克思之所以认为传统形而上学是虚无主义产生的思想根源主要在于,传统形而上学对"超感性世界"的建构将世界划分为感性世界(经验世界)和超感性世界(超验世界),并将超感性世界实体化,将真实的感性世界虚无化。这种西方形而上学以二元对立的观点看待世界的方式,恰恰遗忘了人真实的生活世界和人的真实存在。马克思与传统形而上学的世界观不同,他反对传统形而上学对超验世界的建构,在马克思看来,超验世界是虚幻的、无法经验到的,人的感性的、经验世界的世界才是真实的,是人参与其中的世界。

西方哲学一直以来就有着深厚的形而上学传统,它总是追求一种永恒不变的"终极存在"和"终极根据",并且用这种思维方式去理解和把握事物的本性以及人的本性,这种对确定性和超越性寻求的观念框架,构成了整个西方形而上学的根本旨趣。从巴门尼德开启的"存在"之路,到西方文化最伟大的哲学家柏拉图将那个作为支配着一切事物的、最高的终极存在归结为理念、上帝、物自体、绝对精神,其本质上都是向往那个超验的本体世界,由此统一的世界被二重化为超感性世界和感性世界,以二元对立的观点看待世界,必然导致真实与虚无之间发生颠倒,人们自以为追求的是真实的,结果却陷入虚无,这是虚无主义产生的重要原因。

在柏拉图那里,理念才是本真的存在,事物不过是理念的影像、摹本,事物因为有了相应的理念,才有了作为那一事物的性质,因而才具有价值和意义。柏拉图把世界一分为二:一种是理念世界(又可称为可知世界、本体世界);一种是意见世界(又可称为可见世界、实物世界)。柏拉图认识到,在现象界中不可能有永恒不变的东西,在它之外还存在另外一个稳定的、绝对的和永恒的世界,柏拉图的"世界二重化"理论使得整个西方形而上学史在某种意义上被称为"柏拉图主义"。在中世纪，理念世界变成了"天国"的世界，天国世界是永恒的真实世界，而世俗的世界被视为短暂的虚幻世界，基督教认为整个经验世界不过是理念世界的影子或摹本，"理念"被人格化为"上帝"，上帝成了一切存在的终极根据，主宰着世俗生活的方方面面，作为最高价值准则的上帝，赋予了人的生命以某种超越的神圣意义。

在康德那里，依然可以找到柏拉图理念论的影子，只是更进一步从认识论的角度，把世界划分为现象存在和本体存在的世界，他认为，人们可以借助感性和知性来把握有限的、相对的和不完美的现象世界。现实世界是不受自然因果律支配的自由世界。理性要求超出现象界，实现对本体世界的认识，依据普遍承认的原则以知性认识现象界的存在物去认识自由世界，必然会出现矛盾冲突，陷入二律背反的现象。因为以有限的工具把握无限的存在物，注定以失败告终，因此，人永远不可能真正认识世界的本质，也不可能真正认识自在之物。在这种情况下，康德为了把握本体论的世界，从对认识层面的纯粹理性，过渡到实践理性。在康德那里，自由意志是主体，同时它又是自在之物，人可以按照自己的自由意志形成他的客观规定性。而康德设定的一个现象界，一个自在之物、本体界，这两个世界之间始终是对立的，只能陷入必然与自由、认识与信仰的二元对立的妥协之中。在我们看来康德的功绩在于，他从认识论和本体论的角度将主客体的根本对立揭示出来，而根本错误在于没能把人的主体性建立在主客体完全统一的基础之上。继康德之后的德国理性主义也正是抓住这一点对此进行批判。费希特和黑格尔用"客观精神"统一了分离的主客体。费希特将认识与实践合二为一，强调实践是第一原则，实践理性高于理论理性，他以"自我"为前提，以主观理性主义的方式，撇开真正的现实的客观存在，解释和实现"自我"与"非自我"的统一。谢林在费希特的基础上，克服极端的主观主义，将自我和非我合一，将其看成客体，归结为一个绝对的同一性，而这个客观性最终通过一种神秘的直观达到绝对统一。黑格尔为了克服费希特的片面性，提出绝对同一和绝对差异也是绝对统一的。黑格尔把人的理性转化为创造一切的"绝对精神",他通过辩证法把主体、主观能动性和客观的制约性统一起来,而这种以绝对精神为基础的统一,实际上是一种独断论的统一。

传统形而上学本质上就是一种超验的本体论,必然导致虚无主义的产生。传统形而上学总是把人引向脱离现实事物的彼岸世界,却为人们勾勒了一幅现实生活永远达不到,但又能引导人们无限向往的理想生活图景,这就是它可以延年不衰的秘密。在任何时代,人们总是有一种超越现实的美好理想,追求超越自己生命的偶然性,渴望从历史的感性世界过渡到非历史的超感性世界,从而获得生命的永恒价值,西方传统形而上学正是迎合了人们的内心情感和欲求。但是,在传统形而上学那里,由于它离开了人和人的经验世界、离开了人的实践活动,而用二元论的观点看待和理解世界,因而世界在它那里成为一种虚幻的、与人无关的、外在于人的直观的对象性存在,人也丧失掉了人的生命本性。人毕竟不能总是生活在超验世界的虚无缥缈中,追求永不可能实现的幻境。在面对现实的经验世界时,传统形而上学无法承载起对生命意义的支撑,必然陷入虚无主义的深渊中无法自拔。在马克思看来,哲学所应关注的不是脱离现实的人的抽象性的存在,而应是"人类世界",而应是把"全部注意力集中到自己身上"①。

二、揭露彼岸世界的虚假性

对于传统形而上学世界二分的理论,主张将经验世界和彼岸世界割裂,通过彼岸世界的确立而否认人的现实世界是马克思坚决批判的。从笛卡儿的"我思"开始,经康德的"先验自我"到黑格尔的"绝对理性"完成,"理性"在不断净化的同时也在无限制地扩张和僭越。尽管近代哲学开启了对理性知识的探讨,确立了人的主体性,但也并没有在根本上

---

① 中共中央马克思恩格斯列宁斯大林著作编译局. 马克思恩格斯全集:第二卷[M].北京:人民出版社,1957:161-162.

转变形而上学超验世界的存在。因此，必须从根本上批判那个一直存在于形而上学之中的超验世界。在马克思看来，彻底揭露超验世界的虚假性要进行对宗教的批判。一方面，宗教作为超验思维的最显著形式，对它的批判更能清晰和直观地指出超验本体论思维范式的根本性原因；另一方面，宗教作为时代性和现实性的人类认识世界的最主要方式和成果，其隐藏于理论深处的弊端可以在现实视域下得以完全揭示出来。所以，"反宗教的斗争间接地就是反对以宗教为精神抚慰的那个世界的斗争"①。

马克思在他的博士论文中通过德谟克利特与伊壁鸠鲁对原子运动方式不同的阐发，对"自由"进行了重新界定。伊壁鸠鲁认为，原子在做自上而下的运动的过程中发生偏斜，这一偏斜运动赋予了单个原子一定程度的自由意识，即它真正"表述了原子的真实的灵魂、抽象个体性的概念"②，从而打破了德谟克利特所说的原子自上而下的直线运动的决定论。他用"偶然性"去反抗"命运的必然性"，强调"个人自由意志"在神性之外的独立空间，从而揭露了彼岸世界的虚假性。马克思高扬普罗米修斯精神，它是绝对自由的自我意识的精神化身，此时他仍然使用青年黑格尔派的思想武器——"自我意识"，但他对"自我意识"有着完全不同的理解。马克思已经告别了那种作为彼岸世界建构原则的"自我意识"，而是把"自我意识"理解为，个别自我意识在其现实性上的自我否定，是对超验的彼岸世界的终结，是对"神"的批判和拒绝。马克思反对黑格尔对于哲学和宗教的调和，宣称"痛恨所有的神"，宁可像普罗米修斯一般做"殉道者"，也不愿苟且地生活在阴郁虚幻的宗教"洞穴"。马克思认为，哲学的使命就是要向宗教宣战。传统形而上学与理性逻辑的内在联系构成了形而上学、逻辑与神学的三位一体。在这样一个哲学体

① 中共中央马克思恩格斯列宁斯大林著作编译局.马克思恩格斯选集：第一卷[M].2版.北京：人民出版社,1995:2.

② 中共中央马克思恩格斯列宁斯大林著作编译局.马克思恩格斯全集：第四十卷[M].北京：人民出版社,1982:214.

系中,超验的彼岸世界处于真理的中心地位,人的自由在彼岸世界不可避免的压迫中消失。马克思的哲学就是要打破这种先验世界对经验世界的统治和支配,在对传统形而上学的批判中揭露先验世界的虚假本质,从而实现对传统形而上学先验本质的现实超越。

马克思关注现实的感性世界,进一步在宗教批判中揭露彼岸世界的虚假性。马克思对宗教的批判内在蕴含着对传统形而上学的超验本质的批判。传统形而上学总是采取纯粹先验的原则,追求隐藏在感性世界背后的"超验"的"本体",把它把握为一种实体性的存在,总是通过不断巩固和加强"超感性世界"对"感性世界"的统治和控制来设定"存在者的整体性"。传统形而上学所建构的"超感性世界",它的最高领域是宗教,最高形式体现为神学,都是以外在抽象的方式把握感性的生活世界,而遗忘了人本身。马克思认为,宗教从一开始就具有超验的意识本性。从博士论文对彼岸世界的"拒绝"到《〈黑格尔法哲学批判〉导言》,此后马克思对宗教本质进入更深入的分析,他指出,宗教的最深层的根源就在于人本身,是人创造了宗教,宗教是人的本质自我异化的产物,是"一种颠倒的世界意识",它的产生就是那个世俗生活世界的现实反映,而这个"颠倒的世界"本身充满了压迫与苦难,人们为了反抗命运的不公和逃避现实世界的苦楚,能够重新支配起自己的命运,渴望找到一条自我救赎之路。从而,人们以一种极端的方式逃离到抽象化的宗教领域。宗教成为"世界的总的理论"和"包罗万象的纲领"。马克思认为,形而上学与宗教异曲同工,形而上学无非就是理论化的宗教,都是人的本质异化的表象形式,哲学的批判不仅仅指向宗教,同时还要指向哲学(形而上学)本身。费尔巴哈的人本学把宗教推进到一个新的历史阶段,并且他的思想极大地影响了马克思。费尔巴哈在《基督教的本质》中对宗教进行了深刻的批判,详尽地阐释了宗教是人创造的观点,把宗教的本质归结为人的本质,宗教是人对无法实现的愿望的一种满足形式,所以宗教是人的本质自我异化的结果。马克思充分肯定和认同费尔巴哈对宗教的批判,在费尔巴哈那里,世界被二重化为虚幻的宗教世界和世俗世界,他要将虚幻的宗教世界归于世俗基础。在马克思看来,要想实现对宗教的彻底批判,不仅仅要揭示人的本质的自我异化的事实,更为重要的是,要转向其现实基础,即对宗教得以产生的那个世俗世界的批判。可以说,通过对彼岸世界虚假性的揭露,马克思超越了追求至高无上的超验的形而上学理论传统,逐渐走向了更为深刻的现实领域。

三、实践的"空场"与"现实的人"的虚无

传统形而上学以客体和直观的方式所悬设的超验世界,总是把人引向脱离现实事物的彼岸世界,为人类树立一种完全抽象化、虚幻的、崇高的超感性的终极存在,这不仅遗忘了现实人的生活世界,而且遗忘了人的真实存在。理性成为人的本质规定性,人变成一个求知求真的理性存在者,而人的现实的感性的或者说非理性的方面被遮蔽,使人丧失掉了人之存在的整体性,没有了人生存在的意义和价值,必然陷入生命的虚无。马克思立足于人的物质生产实践,从人的"感性活动出发",将"现实的个人"作为人的主体的本质规定性,它以一种与人类生命本质活动相一致的方式诠释了现实的人及其历史发展,从而瓦解了整个传统形而上学中对人的抽象理解和对人的存在意义的遮蔽,并构成了他超越虚无主义的理论基石。

胡塞尔认为,"如果人成了'形而上学的'问题,特别是成了哲学的问题,那么它就是作为理性的存在被考察的;如果考察人的历史,那么所涉及的就是历史中的'意义',历史中的理性"①。传统形而上学对世界的二元划分,不仅把世界一分为二,而且也把人作为独立于世界之外的存在物,人被设定为先天的、单一的、固定不变的本质,理性成为人之为人唯一的、绝对的本质规定,理性置于至高无上的地位,这就必然导致作为人的存在方式的感性实践活动的"不在场",从而失落了人的生命本

---

① 胡塞尔.欧洲科学的危机与超越论的现象学[M].王炳文,译.北京:商务印书馆,2001:19.

性和现实性,人的感性则被遮蔽、贬低甚至被去除了,必然陷入虚无主义。总之,西方传统形而上学是从先天的理性本质规定理解和把握人自身的生命活动的。应当肯定,传统形而上学把理性规定为人的本质,确实凸显了人的主体地位,使人获得了前所未有的自由与解放。但是,当人的本质被某种权威的理性控制时,人内在的超越性、否定性和批判性被消解了,人的生命本性丧失了,必然陷入虚无与绝望。对此,在萨特看来,每一个人不过是隐藏在抽象理性中的某种概念的体现。当以这种现成论的思维方式去理解人时,人就变成了物。这看起来似乎把人抬得很高,其实是把人降低到了物的层次。同时,在这种情况下,人的普遍性被推向了极致,这实际上就遮蔽了人的差异性、多样性与可能性,使人丧失掉了人的真实的生命本性和现实性维度,成为被平面化的"单向度的人"。

费尔巴哈敏锐地看到了传统形而上学对人存在的遗忘,从纯粹的理性和逻辑理解人的本质,抹杀了作为个体人的丰富性、具体性,破坏了人的完整性。费尔巴哈诉诸感性的直观,将人从理性形而上学的抽象统治中拯救出来,使人成为一个活生生的、现实的、完整的人,重构了人之为人的现实性与整体性。费尔巴哈把人理解为"感性对象",在他看来,人的现实性就存在于人之存在的对象性中,"没有了对象,人就成了无"①。也就是说,人的本质是通过对象并且在对象中被规定的。如果没有了对象的感觉与欲求,也就无法证明人自身的存在,由此他将"爱"作为真理和现实的标准,并且他把人对感性对象的依赖诉诸对自然的依赖,认为以自然为基础的人("自然人")才是现实的人,因此他所理解的"现实的人"依然是抽象的。在马克思看来,费尔巴哈的人本学仅仅从"感性对象"理解人,而不是从"感性活动"理解人,在这里费尔巴哈依然停留在理论领域,没有从人们现有的社会关系以及他们周围的生活条件来观察

---

① 费尔巴哈.费尔巴哈哲学著作选集(下卷)[M].荣震华,王太庆,刘磊,译.北京:商务印书馆,1984:29.

人。无论是传统的本体论还是近代的认识论,传统哲学始终拆解不开人的存在之谜,"现实的人"一直是虚无的,其最为根本的原因就在于,他们不是从实践的角度理解人及人的本质,也不懂得"现实的人"才是生活世界的出发点。

在马克思看来,费尔巴哈揭示的是人的抽象的本质,即"单个人所固有的抽象物",而不是人的现实的本质,即"一切社会关系的总和"。施蒂纳也看到了费尔巴哈的理论错误,在《唯一者及其所有物》中,他诉诸现实生活中的具体的、有生命的真实个体,把费尔巴哈的"现实的人"归结为"我"即现实的个体。施蒂纳认为,我是我的权力的所有者。如果我知道我自己是唯一者,那么而后我就是所有者。在唯一者那里,甚至所有者也回到他的创造性的无之中去,他就是从这创造性的无之中诞生的。① 施蒂纳的这种极端利己主义和唯我论,必然陷入相对主义和虚无主义之中。施蒂纳对于"类人""类本质"的批判以及对"现实个体"的肯定,促使马克思对于人学思想进一步向前推进,在《德意志意识形态》中,马克思用大量的笔墨对施蒂纳进行了批判,通过对"现实的个人"的探索,将一般抽象与现实具体相结合,不仅实现了个体与类的统一,而且也能够应对虚无主义。

总之,马克思所批判的并不是仅仅针对费尔巴哈和施蒂纳的,而是批判了整个传统哲学——无论是唯物主义还是唯心主义,他们总是将一般与个别、整体与部分、抽象与具体割裂开来,缺少总体性的思维和社会性的维度,这种二元对立的思维模式决定了传统形而上学只能以抽象、片面、孤立的视角看待人的存在及社会历史的发展,人的生命本性被遮蔽,必然陷入意义的虚无。

---

① 施蒂纳.唯一者及其所有物[M].金海民,译.北京:商务印书馆,2011:359.

第三节 批判西方形而上学

对形而上学的批判一直成为现代哲学所关注的焦点。现当代的哲学家和思想家们基本可以认识和把握到,传统形而上学与虚无主义内在相关,正是传统形而上学本身所固有的超验性、无根性和抽象性,才导致了人类最终陷入虚无主义的结局。马克思批判的传统形而上学是"途经普罗提诺……笛卡尔、斯宾诺莎和莱布尼茨,一直延续到康德、费希特、谢林和黑格尔"①的主体形而上学。马克思认为,从笛卡儿提出的"我思故我在"拉开主体形而上学的序幕,到黑格尔那里发展到了极致,主体理性被实体化为"绝对精神",最终成为支配人及历史发展的总的原理。马克思对传统形而上学的批判集中体现在他对德国古典哲学的批判中。

一、理性与现实关系的颠倒

启蒙运动开启了"理性主义时代",主体理性能力成为形而上学的唯一追求。上帝逐渐隐退、人性取代神性、主体意识凸显,其最重要的特征就是理性精神。启蒙精神把人从不完善和不成熟的自然状态中唤醒过来,人们开始独立运用理性能力,建设理想的社会和国家,为自然立法,根据自己的需要利用自然、征服世界,对至高无上理性的崇拜使理性自身走向了相反的方向,理性又一次重新变成人们所抛弃的"上帝"。

传统形而上学以理性主宰现实,颠倒了理性与现实的关系。马克思通过对形而上学的理性主义批判,将这种颠倒的关系重新颠倒回来。康德虽然通过对理性的批判,区分了纯粹理性、实践理性和审美理性,但从根本上说,康德哲学仍然具有先验主义和唯心主义的特征,但其理论却

---

① 哈贝马斯.后形而上学思想[M].曹卫东,付德根,译.南京:译林出版社,2001:28.

缺少现实性，是无现实内容的纯形式，还属于"纯粹理性"范畴。费希特将纯粹理性原则贯彻得更为彻底，以"自我"为本体论意义的理性实体，通过理性建构理论统摄现实，而忽略现实的实有本身。因此，理性成为规定他整个形而上学体系基本建构的出发点，致使理性与现实关系的颠倒。黑格尔更是如此，黑格尔的"绝对精神"就是理性形而上学的最高建构形态，也是黑格尔哲学的核心内容。黑格尔用"绝对精神"来理解和表达真实的事物或真理不仅是作为一个实体，而且也是作为一个主体。这个实体，即主体的存在，取消了实体和主体之间的抽象对立。绝对精神是自由和自为的，它经历了从自我出发、超越自我、异化自我、最终回归自我的历史发展过程，形成了一个"回归自我的循环"。这种"绝对精神"，是以概念形式的方式，将人的理想抽象化，从而导致主体丧失了原有的生命力而成为具有一定非理性意义的上帝的化身。事实上，如果从表面来看理性与现实的关系，黑格尔的理性也有关注现实的成分。但是，黑格尔哲学中的现实世界只是理性外在化的结果，现实的世界只是理性发展的一个环节。

　　马克思在其早期哲学著作中就充分认识到，现代形而上学面临的根本困境在于，以主体性为主导原则和基本组织体系的"意识内在性"问题。马克思正是抓住了这一根本矛盾，从理性批判的角度消解了传统形而上学。在马克思看来，作为近代形而上学的集大成者，黑格尔哲学的绝对性主要体现在其独特的理论"实体主体论"。黑格尔的主体具有强大的力量。它通过自身的运动演化为外部客体，将客体笼罩在主体中，被主体吸纳到自身中，从而实现主体与客体的统一，这个统一体就是实体。整个主体外化又内化的过程就是理性的自我运动过程。在这里，马克思已经明确说明了理性的这种强大的自我建构力量。而在马克思看来，自我意识的外化以及理性通过自身的外化，都是从主体性纯粹活动出发的"创造对象"，而得出的只能是抽象的物及抽象的自然界，因而他们只是概念层面的，不可能进入到现实层面。马克思在《1844年经济学哲学手稿》中同样批判黑格尔哲学："整整一部《哲学全书》不过是哲学精神的展开的本质,是哲学精神的自我对象化;而哲学精神不过是在它的自我异化内部通过思维理解即抽象地理解自身的、异化的宇宙精神。"①马克思一针见血地指出了黑格尔哲学的致命缺陷,其全部哲学精神不过是自我的对象化,是理性的思辨,是一种抽象的理性思辨哲学。与我们的现实社会有何关系?

我们可以看出,马克思所揭露和批判的不仅仅是黑格尔的精神哲学的实质,还揭示出了主体性形而上学的内在困境。从而,深刻分析和清算了整个形而上学的根本困境。传统理性形而上学,总是以理性统摄现实,不仅颠倒了理性与现实的关系,而且使现实的人和自然界也最终沦为非现实的存在,精神预先创造自然作为它自己的存在,然后在这个存在中得到它自己的自由确认和真理,因而这种纯粹主观的内在性意识哲学根本无法渗透到现实的和感性对象的领域,因而,不可能找到连接主体和客体、主观世界和客观世界的真正通道。在马克思看来,现实的、感性的、有生命的人,不仅通过对象性活动展现其本质力量,而且还改造对象性存在本身,正是人"通过自己的外化把自己现实的、对象性的本质力量设定为异己的对象时,这种设定并不是主体;它是对象性的本质力量的主体性,因而这些本质力量的活动也必须是对象性的活动"②。马克思通过对象性的感性活动,真正贯穿了对象领域、感性世界。他关注的是现实的、活生生的人及人的感性生命活动,并将这种感性活动放置于历史的坐标系之中,开创了对以往形而上学批判的不同路向。

二、理性的抽象同一性原则

如果说传统社会还有对神圣性"上帝"的敬畏,那么在现代社会,"理性"成为新的主导原则和最高价值标准。在黑格尔看来,主体性构

---

①　中共中央马克思恩格斯列宁斯大林著作编译局.1844年经济学哲学手稿[M].北京:人民出版社,2000:98.

②　中共中央马克思恩格斯列宁斯大林著作编译局.马克思恩格斯全集:第四十二卷[M].北京:人民出版社,1979:167.

成了现代世界的基本原则，现代世界的原则就是主体性的自由。"现代性必须根据自己所剩下的唯一权威，即理性，来巩固自己的地位。"①随着上帝之死信仰的失落，传统形而上学所承载的价值和意义的支撑土崩瓦解，理性试图以自身为根据，为现代人提供一整套新的价值标准，担负起形而上学本体论的支撑，一切都必须在理性的法庭上为自己辩护。但是，理性形而上学是把某种思想观念、抽象的理性或绝对精神作为价值的标准和规范，不是从实践、不是从现实的人及历史现实发展出发来研究人的本质和价值，从而只能遮蔽了现实的个人及人的生命意义和价值。

　　理性形而上学的内在逻辑就是秉持一种"抽象的同一性原则"，这种纯粹的抽象同一性原则充分体现在黑格尔的"绝对精神"中。不可否认，黑格尔的思辨哲学包含了辩证法思想，它认识到逻辑范畴的差异和对立。然而，各个范畴本质上是相同的，只是理念不同的表现形式。在黑格尔看来，实体即主体，事物外部的千差万别不过是实体的不同表现形式，实体会在事物中认识到自身，发现事物的精神本质，最后返回到自身。这样，黑格尔就用抽象的观念活动取代了感性的实践活动。在这种逻辑中，它摒弃了质的属性，完全是在以"个体性"抹杀"多样性"，作为人类活动对象被理性逻辑齐一化，客体的多样性被同一性所遮蔽，而丰富的现实生活也成为理性社会单一的、可算计的对象。这是以万物的同一性达到统一性，导致万物根本不能实现自我认同。由此，"自由成了奴役"。这正如哈贝马斯所说的："启蒙的永恒标志是对客观化的外在自然和遭到压抑的内在自然的统治。"②自然成了纯粹的客观性和理性赖以建构其庞大体系的质料，人也沦为工业化进程中的物或者工具，这也是在物化层面上的虚无。总之，主体理性形而上学所具有的内在性悖论，使自然包括人降格为"物"水平，陷入"虚无"处境的深渊，从而人类

---

① 哈贝马斯.后民族结构[M].曹卫东,译.上海:上海人民出版社,2002:180.
② 哈贝马斯.现代性的哲学话语[M].曹卫东,等,译.南京:译林出版社,2004:127.

所追求的道德、价值和意义也成为一种抽象存在的价值,根本不能凸显人内在真实的生命意义。诚如施特劳斯在《自然权利与历史》中所言:我们越是培植起理性,也就越多地培植起虚无主义……虚无主义之不可避免的实际后果就是狂热的蒙昧主义。马克思正是立足于感性实践活动批判了理性形而上学对理论和实践、理想和现实关系的颠倒。在他看来,思想并不能独立于现实生活世界之外,也不能代表普遍意识和绝对真理,而是对当时社会一定的经济关系和社会生活状况的真实反映。

按照马克思历史唯物主义观点,深入到社会历史现实之中,我们就会发现,理性的普照光似乎并没有让人直接通往那个自由、平等、正义的"幸福王国",反而带给人们一种不真实的感性经验,而这种不真实的感性生活恰恰却在一定程度上呈现了人的真实的生活状态。事实证明,历史的深处并不是像启蒙理性所承诺的那样,人类的未来世界是一个由理性所建构起来的现成的"自由王国",社会历史的发展也并不是单向发展,理性所规定的社会进步的趋势,不可能超越特定历史条件的限制而独立存在,这种悬置在空中的抽象的、虚幻的、无视现实基础和历史条件的社会远景,怎么可能实现人的自由和解放?也不可能实现人存在的意义和价值,其实质乃是现代社会人类理性的狂妄和僭越,是一种宏大叙事的目的论立场,并且明显带有一种功利主义的价值观。

马克思认为,传统形而上学所悬设的"自由王国",提供给人们的自由不过是一种思辨的、虚幻的、不现实的自由,同时是一种"虚假的解放",尽管康德和费尔巴哈也对此进行过批判,但是并没有真正瓦解传统形而上学的抽象统治,而是单纯地以为通过纯粹的理论批判就可以获得人生的意义和价值,实现人的自由与解放。在马克思看来,"只有在现实的世界中并使用现实的手段才能实现真正的解放"[①],抽象的概念,无非是那些统治个人的物质关系的理论表现。想要推翻现实生活世界抽象

---

① 中共中央马克思恩格斯列宁斯大林著作编译局.马克思恩格斯选集:第一卷[M].2版.北京:人民出版社,1995:74.

的统治,不是仅仅依靠理论活动就可以实现,而是必须通过实践。总之,马克思传统形而上学批判,并不是单纯地从理论思辨的层面来进行,也不是从纯粹的实证主义的层面来展开,而是要从实践的层面来深入,他深深植根于人的现实生活世界的实践过程中,这种批判直接关系到人的生存与发展的价值论意义上的批判。

三、形而上学思维方式的批判

虚无主义产生的最为根本的本质就在于形而上学的思维方式。从总体上看,形而上学的思维方式主要有以下三个特征:

其一,本质主义的预设。传统形而上学对于生活和世界的理解是本质主义的。本质主义,就是先验地预设了一个具有超历史的、绝对的确定的永恒本质,然后用这种本质去理解和解释对象性的现实存在,这是整个传统哲学都秉持的基本的信念。这种本质主义的内在信念,在理解生活世界时,把纷繁复杂的现象世界最终还原和归结到本质中去,总是思辨地设定生活世界的本质,并将所有的经验对象都还原到"本体"这一世界的本质中去,以此为基点,去反过来理解和解释生活世界的现象,从而建构起关于生活世界的全部知识体系。在对人本质的理解时,总是先验地预设人的本质是前定的和永恒不变的,是一种"预成论",这种认识就不可避免地把人的本质抽象化为人的单一的属性。实际上,是以一种"物"的观点来理解活生生的人,否定了人的现实性。

其二,二元对立的知性思维方式。在传统形而上学那里,概念、范畴和体系都是知性思维的产物,同时传统形而上学对生活和世界的本质主义的信念,本身就暗含着一种二元对立的知性的思维方式。在黑格尔那里,他以绝对唯心主义的方式将主客二元对立的思维方式发展到极致,"试图以概念作为客观主观化和主观客观化的中介环节,以概念自身的'生成'和'外化'来实现思维与存在、主观与客观、真与善的统一,但他却把这种'统一'变成了神秘的'无人身的理性'的自我运动和自我认识"[①]，其结果只能是陷入抽象和对抗的尴尬境地中。

知性思维所建立起来的二元对立关系，总是把肉体与精神、理想与现实、现象与本质割裂开来，在绝对互不相容的二元对立中各执一极——"是就是"，"不是就不是"，其实质是把人的自然属性与精神属性抽象地对立起来，在人的两极中去寻求安身立命之本，在绝对确定性的追求失落之后，就只能陷入绝对的失望和虚无。

其三，这种超历史的、非批判的思维方式，最终会把人引入抽象虚幻和神秘主义的价值境界。在本质主义的内在信念和二元对立知性的思维方式的控制之下，遮蔽和失落了生活世界的现实性，割裂了生活世界的整体性和统一性，多彩丰富的生活世界被外在本质的先验预设引向了虚幻的彼岸世界，传统形而上学最终虚构出一个完全脱离人的现实的生活世界的超验的抽象世界。因而，人们总是以一种极端外在价值态度，通过对彼岸性的、外在于人的神圣和崇高本体的追求来诠释人的本质及现实的生活世界，用这种超验性的、抽象的、虚幻性的神秘力量来麻醉自我，最终陷入极端外在化的价值境界中。因此，人与世界的关系成为外在的，人成为独立于世界之外的存在物，世界变成了脱离了人的现实生活世界与人无关的自在的世界。

世界本质上是物质的，物质是第一性的，而抽象、思辨的形而上学把纯粹的观念世界作为人类社会的本质是对现实的颠倒，它将人、自然、社会构成的统一的感性世界给割裂开来，因而始终无法解决人与自然、人与社会，即人与世界的关系，从而必然导致虚无主义。在马克思看来，立足于实践活动才能真实把握人的存在及生活世界，才能正确处理人与自然、人与社会，即人与世界的关系。马克思在《关于费尔巴哈的提纲》中，深刻地反思了西方形而上学的传统。旧唯物主义和唯心主义哲学在

[①] 孙正聿.理论思维的前提批判——论辩证法的批判本性[M].沈阳:辽宁人民出版社，1992:165.

对世界"本原"问题的追问过程中形成了具有代表性的两条对立的思想路线。因此,对旧唯物主义和唯心主义哲学的批判,就是对整个西方形而上学传统的批判。马克思从思维方式的角度对二者进行了尖锐的批评。在马克思看来,旧唯物主义仅仅从抽象的客体性存在出发,以直观性的思维方式来把握存在,它所把握的只是缺乏能动性的物质性的存在;而唯心主义则从抽象的主观性出发,以思辨性的思维方式来把握存在,它所把握的只是缺乏客观基础的精神性的存在。这二者的思想路线都是二元对立的抽象思维方式,都不是立足于人的感性的实践活动去理解人的存在及人类生活的世界。

总之,不管传统形而上学把人与世界的本质归结为物质还是精神,其本质上都是一种实体化的概念。这种实体化概念所蕴含的本质主义二元对立的思维方式,实际上都遗忘和遮蔽了人的真实存在及人的生活世界。在马克思看来,只有通过人的实践活动的力量,才能解决主观主义和客观主义,唯灵主义和唯物主义等理论本身的对立。按照马克思的观点,实践是人类自身活动调节和控制的人与自然之间物质转化的过程。在这个过程中,人与人之间形成一定的社会关系,实践就像一个转换器,在人的实践活动中,自然和社会构成了人所生活的现实世界,即感性世界,感性的世界及现实的人也不是现成的存在物,而是处在不断生成和变化的实践活动过程中。人的实践活动是人特有的自由自觉的生命活动,是人之为人的现实基础,是人生产自己必要的生活资料的生产活动,是真正区别人与动物的本质。正是通过实践活动的这一特殊的生命存在方式,人们摆脱了对外在自然界的给定性和依赖性,有意识有目的地改造着自己的生活世界。这样,人的世界就不再是那个封闭的和被规定了的世界,也不再是那个外在于人的自在的存在,而是面向未来不断敞开的,有意义、有价值的现实世界。可以说,在实践的场域中,不仅改变了传统形而上学的那种实体化的理解方式,终结了西方传统哲学思维方式的有效性;同时,客体的"外在性"和主体的"内在性"在人的感性实践活动中均被扬弃了。因而此时,人们所追求的意义和价值,也就不再可能是传统形而上学超感性世界所悬设的虚幻的、抽象的和永恒的价值实体以及"现成的存在者",而是敞开了一种全新的价值的生成性和创造性视域。

第四章 历史唯物主义对现代
虚无主义现实根源的批判

在现代不同思想对虚无主义的批判中,马克思的历史唯物主义对虚无主义的批判有其独特的价值。其一,历史唯物主义作为奠基在实践基础上的现代新唯物主义,与西方传统形而上学最大的不同就在于,它把人从实体本体化的世界中解放出来,把人的现实生活世界归还给人,内在蕴含着一种彻底的无神论精神;其二,历史唯物主义是关于社会历史发展规律的总体性学说,敞开了人类解放和共产主义信念,基于马克思对于人类历史的辩证批判,虚无主义批判从属于意识形态批判;其三,历史唯物主义作为现代性资本主义社会的批判理论,马克思关注现实的人及其现实的生产实践活动,马克思对以私有制为主体的资本主义工业社会"个人受抽象统治"、人的异化或物化生存处境进行了无情的批判。被一些哲学家不断宣称的现时代精神生活危机的虚无主义,不能仅仅停留在一般性的描述上,还必须被放置在历史唯物主义的总体框架中加以批判性反思。马克思通过对资本逻辑的批判、拜物教的批判和资本主义制度的批判,彻底瓦解了虚无主义产生的社会根源,为超越虚无主义提供了重要的现实资源。

第一节　虚无主义是资本逻辑的必然结果

单纯用哲学"解释世界"无法从根本上变革形而上学的现实基础,问题在于"改变世界"。因此,马克思进一步展开了对资本主义社会现实的历史批判,在检讨和批判形而上学的现实的社会历史根源基础之上,深入挖掘资本主义社会现实中的抽象力量,揭示出资本主义社会人异化的生存状况与精神生活的沦丧。在马克思看来,"资本"就是形而上学的最终完成,以资本为主导原则的资本主义社会必然导致虚无主义。资本逻辑似乎已经渗透到社会生活的各个领域成为"普照的光"①,马克思的历史唯物主义就是要揭露资本主义社会的秘密,否定和批判"资本逻辑"这个资本主义社会的内在灵魂对人的宰制,从而批判虚无主义。

一、资本及其本性

马克思对于现代资本主义社会中关于资本的研究,不仅是历史唯物主义的核心思想,也是马克思批判现代社会的理论支点。马克思正是在对现代性批判的过程中,发现"资本逻辑"对现代人以及社会生活的统治和支配,从而揭露资本逻辑背后的现代性根本危机,并且对虚无主义展开了具体的批判。马克思辩证地分析了现代虚无主义背后的资本在资本主义社会中所起到的作用。资本在一定程度上促进了社会生产力的发展,但是它却以剥削和奴役人为代价,造成意义世界的崩塌与人的无家可归的窘境。

首先,在马克思看来,资本是现代社会的经济命脉,"资本本身"也是

---

① 中共中央马克思恩格斯列宁斯大林著作编译局.马克思恩格斯选集:第二卷[M].2版.北京:人民出版社,1995:24.

"资产阶级社会的基础"。

从传统的农业文明形态到现代工业文明形态,资产阶级借助资本的社会力量,创造了一个奇迹般的世界。由于资产阶级为了维护和实现自身利益,将资本作为一种源动力,在解放了生产力和拓宽世界市场的同时,也摧毁了传统社会的生产关系和交换关系,人们的生活方式、思维方式以及世界观和价值观都发生了彻底的改变。资本的出现意味着生产生活新时代的开启,它创造了现代社会前所未有的巨大生产力,虽然生产力的巨大进步不一定促使现代文明发展,但毋庸置疑文明的进步是建立在它的基础上的。对此,马克思和恩格斯说过:"资产阶级在它的不到一百年的阶级统治中所创造的生产力,比过去一切世代创造的全部生产力还要多,还要大。"①只要能够促进资产阶级利益的最大化的实现,作为物化存在的资本将调动科学和自然界的一切力量,跨越民族和地区的界限,超越传统的一切生产方式和生活方式。由此可见,资本成为推动资本主义现代社会进步的主要力量。但是,值得注意的是,资本逻辑具有自反性,起初资本在可控的范围内,资本的生产关系和资产阶级所有制创造了丰富的生产资料,极大地推动了社会进步和自身文明的发展。随着时间的推移,资本这个主要的社会力量就会脱离资产阶级的控制,反而会为资本主义制度的灭亡积蓄物质力量。《共产党宣言》有这样一个经典的论述:"资产阶级用来推翻封建制度的武器,现在却对准资产阶级自己了。"②

其次,在马克思看来,资本不是"物",而是一定的"社会关系",并且是一种颠倒的社会关系。

在古典经济学家那里,他们把资本看作是脱离了一定历史关系和社会关系的自然属性和物理属性的存在物。马克思认为,古典经济学家之

① 中共中央马克思恩格斯列宁斯大林著作编译局.马克思恩格斯文集:第二卷[M].北京:人民出版社,2009:36.
② 中共中央马克思恩格斯列宁斯大林著作编译局.马克思恩格斯选集:第一卷[M].2版.北京:人民出版社,1995:278.

所以将资本看作"物",有其历史必然性。一方面,资产阶级经济学家用"物"形象的面纱掩盖资本,以掩盖资本剥削的本质,维护资本主义生产关系的合法性。另一方面,一些经济学家受到世界观本身的限制,他们不是从现实生活世界本身的"实践"的角度,从客观活动及其关系中去理解"资本",只是在"感性直观"的意义上去理解,他们对"对象""事物""感性"还只是从客体的直观形式去把握。因此,在马克思看来,经济学家们只是看到了资本的自然属性即物的属性,不可能把握资本的本质,实质上还放大了资本的力量,将资本视为非历史性的存在,从而导致了资本的抽象化。

马克思从现实的人的社会历史现实的"实践"角度考察现代资本主义社会所谓的"物",即商品、资本和货币,我们会得到一个贯穿整个经济学的事实,即经济学研究的不是物,而是人与人之间的关系,但这些关系在现实的社会生活中却以物的形式呈现。马克思在《资本论》中明确指出:"资本不是物,而是一定的、社会的、属于一定历史社会形态的生产关系。"①马克思并不否认资本以物的形式存在,而是强调资本本质的现实性,即一定社会关系的反映。马克思对资本本质的深刻洞见,实际上是基于对资本主义社会现实的总体性把握,是从资本的社会生产关系出发,揭示资本背后的神秘面纱。在马克思看来,资本所代表的这种生产关系是一种颠倒了的生产关系,资本的本性是实现价值的增殖,它造成人的目的和手段的颠倒,人和物关系的颠倒,其实质就是用"死劳动"的物来支配"活劳动"的人。马克思又进一步明确提出:"资本的实质并不在于积累起来的劳动是替活劳动充当进行新生产的手段。它的实质在于活劳动是替积累起来的劳动充当保存并增加其交换价值的手段。"②在资产阶级社会,抽象的资本不断地占有他人劳动,实现着自己的价值

---

① 中共中央马克思恩格斯列宁斯大林著作编译局.马克思恩格斯文集:第七卷[M].北京:人民出版社,2009:922.

② 中共中央马克思恩格斯列宁斯大林著作编译局.马克思恩格斯选集:第一卷[M].2版.北京:人民出版社,1995:346.

增殖,工人成为他人支配的对象,被奴役和剥削,造成人的类本质的自我异化,人与人的关系变成物与物的关系,主客关系完全被颠倒了。马克思认为,资本主义的这种颠倒的生产方式,使整个世界成了一个"着了魔的、颠倒的、倒立着的世界"①。

最后,在马克思看来,资本是一种社会经济权力——剥削和奴役现实的人。

尼采从心理学的角度出发,将"权力意志"作为本体论存在范畴来解释现实的世界和人的生命意义;而马克思则从资本主义社会的现实状况及人的真实生存处境出发,从更深层次上指出资本作为一种社会经济权力,是对他人劳动产品的私有权。马克思说:"资本是对劳动及产品的支配权力。资本家拥有这种权力并不是由于他的个人的特性或人的特性,而只是由于他是资本的所有者。他的权力就是他的资本的那种不可抗拒的购买的权力。"②资本家作为人格化的资本,为了实现自己的增殖,实现利润的最大化,不断地进行生产与再生产,利用无偿占有他人的劳动权利实现资本积累,为了获得更多的剩余价值,不断地对工人进行剥削和压榨,所谓平等的雇佣关系只不过是利用资本权力进一步加深对工人的剥削。马克思发现,资本家付给工人工资,购买的是工人的劳动力,他对工人的劳动力的消费就是让工人给他劳动,也就是商品和剩余价值的生产过程。而劳动力这种商品的特殊性在于,它的价值和它所提供的劳动力的使用创造的价值不是同一个量,而"资本家购买劳动力时,正是看中了这个价值差额"③。这就真实掩盖了资本家对工人的剥削和压榨的事实。在资本主义生产过程中,资本追求无限增殖的逐利本性,使得资本的支配权力变大,而支配权力越大,工人被剥削被支配的程度就越

---

① 中共中央马克思恩格斯列宁斯大林著作编译局.马克思恩格斯文集:第七卷[M].北京:人民出版社,2009:940.

② 中共中央马克思恩格斯列宁斯大林著作编译局.马克思恩格斯文集:第一卷[M].北京:人民出版社,2009:130.

③ 中共中央马克思恩格斯列宁斯大林著作编译局.马克思恩格斯文集:第五卷[M].北京:人民出版社,2009:225.

深,直到作为生产劳动的主体完全与自我的类本质疏离,造成人的异化与虚无。

总之,在资本主义国家,资本逻辑已经使得现代社会的一切都成为资本的附属品,一切都要以实现利润最大化为根本目的,其他的一切都只不过是资本链条上的一个环节,不仅如此,一切有意义、有价值的存在也要服务于资本不断增殖逐利的需要。可以说,无限地增殖逐利就是资本的本性。在马克思看来,资本逻辑就是物化的社会关系之抽象主体按照理性、自利和最大化原则进行自我生产的过程。随着资本的强势扩张,资本已经渗透到现代社会生活诸多领域而成为"普照的光",而一些人正在受到作为经济权力的资本逻辑的抽象统治和支配,甚至任其摆布,还心甘情愿地陶醉其中、悠闲自得,这些人的内在的生命本性被压抑和遮蔽,精神生活难免陷入无意义的虚无主义之中。

二、资本逻辑导致普遍的物化

在资本主义条件下,资本按照自己的本来面貌为自己创造出的世界,导致了普遍的物化,现代社会俨然成为一个"物化的社会"。物化成为人的存在的普遍现实,也成为现代精神生活的根本境遇。物化从根本上造成现代人的虚无主义处境。

在现代性语境下,仅仅把"物化"理解为否定性的概念。它指人的追求以物为中心,人被物所奴役、人与自我的本性相疏离而出现的异化状态。这种理解还过于单一。从本源意义上来看,"物化"概念具有双重内涵,一种是作为对象化的物化,一种是作为异化的物化。作为对象化的物化,是从人的生存角度来说,人首先是一种自然性的存在,与其他生物一样也是一种非自足性存在,人得以生存必须借助于外界提供的物质生活资料作为保障。如马克思所说:"劳动的产品是固定在某个对象中的、物化的劳动,这就是劳动的对象化。劳动的现实化就是劳动的对象化。"①作为对象化的物化,是人通过劳动实现物的对象化,充分占有自己的本质力量,以此获得人类生存永久的自然基础。这样看来,作为对象化的物化具有积极的意义和肯定的含义。而作为异化的物化,是与作为对象化的物化相对立的,异化表现为对象化的现实性的丧失。人的存在与自我的生命本性相疏离,人被物所奴役,人与物的关系被颠倒,人失去了自我本真的状态。在马克思那里,他并没有一味地对物化现象进行否定性的道德批判,在他看来,物化是一种社会历史现象,具有历史的必然性和合理性。在《政治经济学批判(1857—1858 年手稿)》中,马克思以人的存在方式的历史性变革为尺度,区分了人与社会发展的三阶段,其中提及第二阶段是"以物的依赖性为基础的人的独立性"②,在这一阶段中,物化的社会关系已经扩展为整个社会得以存在的普遍基础。当然相对于第一阶段人对人的依赖阶段,物化是人对物的依赖性阶段的现象,它超越了地方性和人与人之间的等级隶属关系,在形式上具有了人人平等的性质,是社会进步的标志,而相对于人的自由个性阶段,物化才全面地暴露出它自身的局限性和消极性。

马克思虽然没有直接提出物化理论,但是他对于资本主义物化的现实状况做出过发人深省的描述,并且他对这一问题的批判性的反思,至今仍具有时代意义。在马克思看来,在我们这个物化的时代,每一种事物似乎都包含着自身的反面,机器的发明和使用在减少人类劳动、提高生产效率的同时,却引发了饥饿,成为造成某种贫困的来源。科学技术的胜利,似乎是以道德败坏为代价的,人们愈是想控制自然和征服自然,却愈加成为自然的奴隶。而我们所有的发现和进步,似乎是使物质力量具有了理智生命,而人的生命却变成了愚蠢的物质力量。事实也正如马

①　中共中央马克思恩格斯列宁斯大林著作编译局.马克思恩格斯文集:第一卷［M］.北京:人民出版社,2009 :156 – 157.

②　中共中央马克思恩格斯列宁斯大林著作编译局.马克思恩格斯文集:第八卷［M］.北京:人民出版社,2009 :52.

克思所言,在资本所统治的世界里,人类对于物化的逐求已经成为这个时代人类普遍存在的境遇。

特别是随着现代化进程的加速、全球经济互联、社会财富的急剧膨胀,以及"后工业社会"和"知识经济"时代的来临,资本的形态也发生新的变化,如产业资本、金融资本、消费资本等等。但是资本的增殖本性并没有改变,它总是要找到自己的最大利润。资本逻辑表面看起来是一种生产逻辑,也是在生产人们必要的生活资料和生产资料,但实际上仅仅是特定历史阶段的产物,它在劳动产品的占有和分配上采取完全不同于历史上其他阶段的方式。生产逻辑是主体的对象化活动,而资本逻辑则是社会关系结构的运作方式。大卫·哈维在《资本的限度》一书中,提出了"资本的空间生产","空间"已经成为剩余价值生产的中介和手段。同时列斐伏尔也认为,资本主义存活到 20 世纪的根本原因在于它把空间的生产和再生产作为经济的引擎。在他看来,空间就是生产资料,一切都已经资本化为营利的工具。大卫·哈维指认,正是列斐伏尔的坚持才使得我们开始重视空间的控制并把它看作日常生活中一种根本的和普遍的社会力量资源。

如大卫·哈维所说,资本为了获得最大的利润,就会不断地进行"空间修复",而现代资本主义走向了"消费社会"。由于"积累过剩",资本主义社会资本的持有者通过利用现代媒介促使和激励人们不断地进行消费,正如鲍德里亚所言:"我们处在'消费'控制着整个生活的境地。"①鲍德里亚指出,后工业社会的消费不再是获得商品的使用价值,而是商品的"符号象征"意义,"需求瞄准的不是物,而是价值。需求的满足首先具有附着这些价值的意义"②。它体现的是个人的身份地位和社会认同的差异,这样,在"符号"世界的王国里,人通过消费的对立来确证自身,人自然处于异化之中。此外,消费社会使现实生活资本化。在现代

---

① 波德里亚.消费社会[M].刘成富,全志钢,译.南京:南京大学出版社,2000:6.
② 波德里亚.消费社会[M].刘成富,全志钢,译.南京:南京大学出版社,2000:59.

传媒技术作用下,无论是消费对象,还是消费活动,其实质都是一种被强制的普遍性逻辑,一切东西似乎都逃脱不了被消费的命运。

因此,鲍德里亚认为,当今社会已经从马克思的生产社会过渡到消费社会。社会生活的基础已经从"资本逻辑"转向"符号逻辑"。在我们看来,他这种观点是片面的和错误的。首先,鲍德里亚的"消费理论"抽象地反对生产和消费,将生产和消费割裂开来,甚至以消费代替生产,这种理解颠覆了马克思的历史唯物主义观点。在马克思看来,物质生产在历史和社会生活中具有基础性地位,并且生产和消费是相互统一的,"没有消费,也就没有生产,因为如果没有消费,生产就没有目的"①。同时,马克思在对国民经济学的批判中指出,资本与劳动对立的根源在于资本主义私有制而不是消费本身。消费必须建立在所有制的基础上谈及才是有意义的。其次,从现实历史的角度来看,物质生产仍然是当代人类社会发展的基础。没有生产也就没有消费。人们能够生存,首先就是要生产满足于人们吃喝住用行等所需要的物质生产生活资料,即"生产物质生活本身",当第一个需要基本满足之后,才会产生新的需求。

总之,无论是资本主义的空间逻辑还是符号逻辑,归根结底还是物的逻辑,它以物的方式满足人们的各种需求,包括精神的需要。由于意识形态的虚假宣传和广告传媒技术的大肆渲染,人们对价值的重新定义有了一种伪造性质,消费成为意义的体现,消费的目的就在于满足人们过度的欲望,而不是自身的真实需要,这些都源于资本逻辑的推动。在物的世界中,人的精神需要无可避免地被物化了,现实精神价值是异化的和失落的,那些无法以物的形式表达的精神需求却反而成了一种真实有价值的存在。海德格尔认为,人的存在是被遗忘的,只有存在才被反复提及和讨论。人们被工具理性所包围,一方面,文化产品五花八门、玲珑多彩,另一方面,人情的冷漠和精于算计,使得效率、理性和自我利益

---

① 中共中央马克思恩格斯列宁斯大林著作编译局.马克思恩格斯选集:第二卷[M].2版.北京:人民出版社,1995:9.

也存在于各种算计之中，人本身也变成了一种被计算和被榨取的对象，精神的崇高的目的和意义被异化为一种赚钱的工具。人们通过消费不仅实现了资本的增殖，而且也参与了商品的生产与再生产。资本借助消费品的符号意义轻松实现对人的控制，它巧妙地将其意志转化为人们对消费品的符号价值的追求，具有了意识形态的功能。而空间生产不仅是物的生产，同时跟符号逻辑一样，实现了资本的增殖和社会关系的再生产，造成物对人的包围与压迫、人自我本质力量的丧失，尤其是信息技术所形成的网络空间非但没有改变虚无主义的产生机制，反而使一些现代人的精神生活空间受到资本的控制和挤压。事实上，无论是符号逻辑还是空间逻辑，背后起主导作用的依然是资本逻辑，它不仅导致了社会生活的物化，也导致了一些人的物化。

三、资本逻辑消解了一切存在的意义

马克思在对资本主义社会历史现实的批判中发现，资本逻辑是现代性社会虚无主义处境的现实根源。资本成为"神圣形象"瓦解之后的新的"神圣形象"，它以抽象的同一性力量完成了对传统最高价值的祛魅，由此资本成为衡量一切价值的尺度和标准，真正的社会价值被歪曲，一些人失落了终极信仰、无家可归，必然陷入无意义的虚无主义处境。

马克思指出，作为现实社会具有经济权力的资本，以抽象的统治力量完成着对现实世界的祛魅。在马克思看来，在资本面前没有什么东西是高尚的、神圣的，没有什么东西是不可让渡的，一切东西都可以通过货币而占有。现代社会资本所具有的抽象性和虚无性，使得人们不再相信凌驾于人们现实生活世界之外的超感性世界神圣性权威的存在，打破了最高价值永恒真理绝对信仰的神话，同时也打破了人们原有的生活秩序和行为规范，将人们从原有的以地域、血缘为基础的家庭关系中解放出来，人作为个体的存在，投身到资本主义大生产的洪流中。人们整日奔波劳碌于工作中，可能偶尔也会浮现对神圣权威和终极真理的敬畏之情，怀念过去的生活，似乎一切都是安定、有序和美好的。最高价值的坍塌使得资本成为普遍的、唯一绝对的存在。资本把人们内心的价值寄托和对未来美好生活的追求全部集于一身,完成了对世界的祛魅。资本成为新的"神圣形象",它将全部主要的生命活动统一到金钱关系所统治的单一的有机系统中,最终建立起一个资产阶级的帝国。

资本作为一种经济权力和抽象统治的力量,具有强权和破坏一切价值的本性。在资本主义社会,资本享有绝对的话语权,是一切最高价值的判断标准和行为依据,它成为至高无上不容怀疑的绝对真理,它将一切存在都纳入到了自己冰冷的、无人身的逻辑体系中。资本消解了传统价值理念和价值规范,价值被置换为可衡量的经济学范畴的交换价值。交换价值把一切都夷平了,一切物品都被贴上价格的标签在市场上销售,只要能够付钱,任何事情都行得通。如在资本主义社会,一切职业都不再光辉,人的尊严和美德、一切高尚的东西都要让位于人的交换价值,一切都成为商品待价而沽。在资本逻辑的同一性抽象统治力量的宰制下,一切封建的、宗法的和田园诗般的关系都被破坏了,一切事物都被纳入到赤裸裸的金钱关系里,一些人陶醉于利己主义的享乐中,彻底陨落了一切道德律和价值规范,失去了对于生命意义和价值的追求,因而也就不得不把尽可能拥有最大限度的财富当作自己的人生目标和价值目标,以此获得自身的安全感和满足感。

资本作为部分人心目中的最高的价值,不仅虚无了人们对于理想信念的追求,也在一定程度上扭曲了人的价值观念,容易造成人们对是非不分、美丑不辨和伦理道德等问题的出现,扭曲了价值判断的真实依据。在西方传统社会,人们把"善"作为一切事物所追求的目的,最高的善"eudaimonia"即幸福。然而,到了现代资本主义社会,传统的评价标准都已不复存在,似乎一切价值都是相对的。马克思对此有着深刻的认识,他认为,在资本的同一性抽象力量的统治下,我能做什么不是完全由我自身决定的,我可能是丑,却可以买到美的女人,所有的丑陋都被资本和金钱抹去了。这时什么又是善的? 在资本逻辑宰制下,货币和资本的持有者就是善的。在资本主义的市场经济下,能够为资本增殖服务的就是善的。当真善美、正义、公平、尊严等传统价值也被当成商品纳入到经济关系中去衡量是非对错,也就失去了客观的评价标准,必然会导致人的价值判断被扭曲,而真实的价值被虚无了。抽象的资本,破坏和改变着整个社会价值的秩序,混淆着和颠倒着传统理念和价值规范,最终一切价值都被扭曲和遭到无情的嘲弄,一切坚固的价值都烟消云散了。

　　资本作为抽象的强制性的逻辑,不仅虚无了传统价值,虚无了人们对于真实价值的追求,而且还阻碍了一切价值成为可能性的现实条件。在西方传统社会,形而上学悬设了一个超验的本体,尽管它树立起来的这种神圣价值是虚假的和外在的,但它能够带给人以精神的慰藉和心灵的寄托,并且使得人们有一个稳定和持久的价值支撑,为人的存在提供了安身立命之本。然而,在现代西方社会,资本作为抽象的价值主体,它无限增殖和追求利润最大化的本性,它的流动性和扩张性,已经打破了传统社会人们价值体系的那种稳定性和有序性,使一切都处在动荡和不安之中。资本自身无限增殖的欲望,促使它持续不断地追求利润最大化,资本跨越民族、地区和时间的限制,利润在哪里,资本就去哪里,何时有利润,资本就何时出发。在马克思看来,资本所到之处一切固定的僵化的关系都被消除了,一切新形成的关系等不到固定下来就陈旧了。一切等级的和固定的东西都烟消云散了,一切神圣的东西都被亵渎了。①人们不得不重新看待他们的生活地位和他们之间的相互关系了。

　　资本逻辑最终消解了一切存在的意义,注定不可能为人们提供一个衡量他者的客观标准,也注定无法给人提供安身立命之本,而只会使现代资本主义社会无时无刻不处于变动和动荡之中,一些人的精神世界只会陷入到无所适从中,迷茫、不安、绝望和虚无如影随形。

---

① 中共中央马克思恩格斯列宁斯大林著作编译局.马克思格斯选集:第一卷[M].2版.北京:人民出版社,1995:275.

第二节　虚无主义的拜物教根源

西方传统超验主义的信仰观遭遇批判之后，人类通过彼岸世界实现自我，形而上维度的精神梦想破灭，但此岸的尘世的人依然要本能地赋予生活以意义，这个"意义"在现代物质商品经济社会就表现为对"看得见、摸得着"的有形"物"的占有。在马克思看来，现代物质商品经济社会的"物"，反映着现代性社会的基本状况，包含着一切现代关系萌芽的"商品"，作为存在的现实形式的"货币"以及现代社会本质规定的"资本"。马克思正是在对社会历史现实的批判中发现拜物教的，其实质是"个人受抽象的统治"，尽管马克思并没有直接提及"虚无主义"的字眼，但是他通过对拜物教的分析和批判间接地分析了虚无主义的问题。在马克思那里，拜物教与虚无主义具有同质性，资本拜物教是虚无主义产生的社会根源。

一、拜物教的盛行

在资本逻辑统治下，人们的现实生活变成了普遍的物化，这种普遍的物化状况，在意识观念层面上所呈现的就是拜物教的盛行，在马克思看来，就是商品拜物教、货币拜物教和资本拜物教的泛滥。"拜物教（fetishism）"也可译为"恋物癖"。从词源学意义上来说，这个词来源于葡萄牙语 feitico，原初的含义为"人工的、人为的、手工制品"，亦有"化装、伪装"之义，后来在宗教学研究中使用。拜物教被认为是原始社会最早的宗教信仰的形式之一。在马克思那里，拜物教是一种隐喻，它是商品社会的特有现象[①]，是资本主义社会异化的主要表现形式，并且在马克

---

① 张有奎.拜物教之"物"的分析[J].现代哲学,2015(3):1.

思看来,拜物教的发展经历从商品到货币,又从货币到资本的历史演进过程。

商品拜物教物世界的第一种形态,商品:神学的怪诞。商品拜物教是在资本主义经济条件下产生的。商品及其货币作为社会财富的一种表现形式,它首先应该是有用的,用以满足人需要的劳动产品,而有用性就是商品的使用价值,是"自然物质和劳动这两种要素的结合"①。但是,商品的使用价值仅仅是社会财富的物质内容,它是交换价值的物质承担者。商品及其货币的表现形式在人们的观念和行为中成为一种财富的标志,并对人类的生活加以控制和支配,以至于人们对其崇拜和信仰。马克思说:"商品好像是一种简单而平凡的东西。对商品的分析表明,它却是一种很古怪的东西,充满形而上学的微妙和神学的怪诞。"②当某物一旦作为商品出现,就转变为一个"可感觉而又超感觉的物"③,当劳动产品一旦作为商品来生产,就带上了拜物教的性质。马克思指出:"商品形式的奥秘不过在于:商品形式在人们面前把人们本身劳动的社会性质反映成劳动产品本身的物的性质,反映成这些物的天然的社会属性,从而把生产者同总劳动的社会关系反映成存在于生产者之外的物与物之间的社会关系。"④

商品的二重性来源于劳动的二重性,商品拜物教的产生不仅与商品形式本身存在密切关系,更重要的是商品拜物教的性质来源于生产商品劳动的社会性质。商品生产不同于一般的社会生产,它是一种特殊的生产,生产活动是相互独立的私人劳动。社会劳动是私人劳动的总和。私

---

① 中共中央马克思恩格斯列宁斯大林著作编译局.马克思恩格斯选集:第二卷[M].2版.北京:人民出版社,1995:120.

② 中共中央马克思恩格斯列宁斯大林著作编译局.马克思恩格斯文集:第五卷[M].北京:人民出版社,2009:88.

③ 中共中央马克思恩格斯列宁斯大林著作编译局.马克思恩格斯文集:第五卷[M].北京:人民出版社,2009:89.

④ 中共中央马克思恩格斯列宁斯大林著作编译局.马克思恩格斯选集:第二卷[M].2版.北京:人民出版社,1995:138.

人劳动在商品生产中的社会性质,或者私人劳动要成为社会总劳动的有机组成部分,只能通过劳动产品的交换来表现,不同种类的商品之间之所以可以交换是因为他们本身都凝结了人类劳动。如果私人劳动的产品及商品不能实现成功的交换,那么私人劳动就不可能得到社会的认可,它的价值就无法实现。但是,人们不能自觉地认识到这一点,还似乎认为是商品本身在进行交换。生产商品的社会劳动即商品之间的交换,在这里采取了物与物的交换形式,事实上商品的交换关系是对人的社会关系的反映,在这里马克思分析了在资本主义生产条件下,商品(物)与商品(物)的关系遮蔽了人与人之间的社会关系。在马克思看来,商品的拜物教就表现为一种"现实世界的宗教反映"①,人跪倒在自己所创造的劳动产品面前,使人与人的关系变成了物与物的关系,这种颠倒和歪曲还是比较简单的阶段,很容易被识破和理解。

货币拜物教物世界的第二种形态,货币:"有形的神明"。货币拜物教是在商品拜物教基础之上发展而来的。在价值表现的最简单形式中,已经有了等价形式的奥秘。马克思对价值和等价形式的分析揭示了这种假象,当一般的等价形式与一种特殊商品的自然形式相结合,即结晶成货币形式时,这种错觉就完全形成了。商品和货币都是历史的产物,货币作为一般等价物,是一种特殊的商品。在商品世界中,人们似乎潜在地认为拥有了更多的货币也就拥有了一切商品的使用价值,所以,人们想方设法地获得更多的货币。一种特殊的商品之所以成为货币,似乎不是因为人们在实践交往活动中选择的结果,而是因为种种商品天生具有一般等价物的属性。货币的魔术就是由此而来的。② 货币作为商品世界的完成形式,它"用物的形式掩盖了私人劳动的社会性质以及私人劳

---

① 中共中央马克思恩格斯列宁斯大林著作编译局.马克思恩格斯选集:第二卷 [M].2版.北京:人民出版社,1995:142.

② 中共中央马克思恩格斯列宁斯大林著作编译局.马克思恩格斯文集:第五卷[M].北京:人民出版社,2009:113.

动者的社会关系"①。在马克思看来,物的货币形式是隐藏在物背后的人的关系的表现形式。在历史的演进历程中,金银的性质和属性使得它们成为一切人类劳动的直接化身。资本主义社会的任何特殊劳动都可以同质化为抽象的一般人类劳动,因此所有其他商品都可以作为货币的特殊等价物与货币联系起来。因为社会的普遍分工化,人类劳动产品的普遍商品化,货币成为独立于人之外不受人支配的产物,它成为资本主义社会的一种"有形的神明","因此,货币拜物教的谜就是商品拜物教的谜,只不过变得明显了,耀眼了"②。

资本拜物教物世界的第三种形态,资本:"纯粹的拜物教形式"。在货币转化为资本以后,资本拜物教成为拜物教发展的最高形式。资本拜物教是物本身所具有的一种虚幻观念的魔力,它把资本的价值增殖看作资本的载体。特别是作为生息的资本,资本在流通领域取得了它的纯粹的物神形式,即 $G—G'$,资本成为物,而生产的剩余价值似乎成为它的内在属性。在 $G—G'$ 这一过程中,所有生产和交换关系都被遮蔽,资本成为创造剩余价值的独立源泉,取得了异化最为特别的形式。

在资本主义生产方式下,生息资本表现为一个不断进行增殖的物神。伴随着货币的出现,商品流通已从物与物的交换($W—W$)发展为商品—货币—商品($W—G—W$),货币作为中介,通过流通为了换取不同使用价值的商品,为买而卖,其最终的目的是消费使用价值来满足自身需要;而随着商品流通形式的扩大,出现货币—商品—货币($G—W—G$)的流通形式。资本流通的出发点和目的是交换价值本身,通过交换换取同样的物,其实质并没有质的不同,只有量的差异,货币—商品—货币($G—W—G$)应该表示为($G—W—G'$),资本家最初付出的货币(G)和经过流通收回的货币(G'),其中 $G' = G + \Delta G$(增加值),马克思将这个增加值称

---

① 中共中央马克思恩格斯列宁斯大林著作编译局.马克思恩格斯文集:第五卷[M].北京:人民出版社,2009:93.

② 中共中央马克思恩格斯列宁斯大林著作编译局.马克思恩格斯文集:第五卷[M].北京:人民出版社,2009:113.

为剩余价值,这一流通就是产生剩余价值实现价值增殖的过程。资本拜物教正是以这种神秘的形式遮蔽了资本主义剩余价值生产的真正秘密,整个资本运作就是死劳动吸附活劳动的过程,物替代主体,整个资本主义社会的运转就是一个见物不见人的过程。资本家是人格化、有意识的资本,他们的唯一目的就是要实现利益的最大化,占有越来越多的社会抽象财富,这是一种绝对主义的致富欲望。根据马克思的分析,在资本主义生产过程中,工人出卖劳动力获得工资作为报酬,资本家投入资金获取利润,工人和资本家之间的交换关系看起来似乎是公平的和合理的。事实上,工资只是劳动力使用权的价格,资本家拥有支配所有工人劳动的权力,正是这种资本的权力关系,使资本家能够在公平交换的条件下获得剩余价值。因此,显然是工人创造的财富,却颠倒地表现为资本自己能生出金钱的魔力,资本无限增殖的逐利本性,将一切都转化为实现自我增殖的工具,从而资本成为一切价值的标准。

总之,在资本逻辑的统治之下,资本主义社会拜物教盛行。无论是商品拜物教、货币拜物教,还是资本拜物教,其实质都是物与物关系背后遮蔽了人与人的社会关系,人在价值观念和行为上认同物化的逻辑,从而导致了人的现实价值完全被物的价值所掩盖。

二、拜物教是虚无主义产生的社会现实根源

前面我们已经分析了物世界所形成的三大拜物教的基本形式以及内涵,通过分析我们可以看出,对商品和货币的崇拜并非现代社会才有的,只是到了现代社会资本拜物教才越发表现为虚无主义的。也就是说,马克思尽管并没有直接提及虚无主义问题,但是他在通过对物化的资本社会的拜物教的批判中,特别是对资本拜物教的批判,已经揭示出拜物教就是现代虚无主义产生的社会现实根源,拜物教与虚无主义具有同质性。

首先,拜物教也暗含着对传统最高价值的虚无。在传统社会向现代社会的过渡中,上帝不再具有至高无上的权威地位,上帝之死,让人们意

识到超感性的世界是虚假性的和值得怀疑的,因此人们的价值追求从天上回到人间,而最高价值的自行罢黜,使得传统的最高价值被虚无了,信仰根基的坍塌,使得一些人开始陷入了没有目标的痛苦、没有信仰的迷茫和没有意义的虚无之中。

资本拜物教是资本逻辑在现代性发展过程中运作的观念反映,资本所具有的抽象化和虚无化的力量,不仅虚无了传统一切最高价值观念,而且也取代了至高无上权威地位的上帝,成为新的"神圣形象"。马克思把拜物教看作是一种"现实世界的宗教反映",拜物教之所以被马克思称为"宗教",主要是由于人们赋予了商品、货币及其资本形式一种信仰的色彩,并加以供奉和崇拜。而资本拜物教相较于商品拜物教和货币拜物教更具有隐蔽性,这不仅仅体现在经济上,它还会要求政治和文化领域相互配合,资本的无限增殖本性和扩张性又一次决定了资本拜物教对于增殖的无限追求更加强烈,并且资本拜物教一旦形成,必然会瓦解传统的一切崇高价值,促使人们追求功利主义。

其次,拜物教也虚无化了真实的价值。虚无主义之所以不断地被现代哲学家称为现代性的根本性危机,还不仅仅只是因为虚无主义是对传统最高价值的虚无,其另一个深层次内涵是它也虚无了真实的价值。之所以这样说的原因在于,虚无主义是一个现代性问题,如果只是对传统最高价值的虚无,那么传统价值是基督教中的上帝,而人们从宗教的思想观念摆脱出来,不再信奉和崇拜超感性的上帝,回归于现实的生活世界,寻找真实的价值和意义,那虚无主义也就够不成现代社会的根本性危机了。人毕竟无法忍受无意义的生活,人类总是不满足于自我的现存状态,总是想超越自身的有限性,直至渴求通达无限的精神世界。而当超感性的世界瓦解之后,人们又急于从现实世界中找到新的价值寄托,于是,当真理的彼岸世界消亡后,此岸世界的真理还并未确立,就会出现价值的"真空",产生价值的虚无和价值的歪曲。资本拜物教在这一点上与虚无主义具有相似之处。资本拜物教的盛行和物化意识的凸显,使人们越来越意识到资本的无所不能,资本在虚无化了传统价值之后,也试图为现代社会立法,一切价值都可以用资本的表现形式——货币来衡量,一切都待价而沽,而人们忘记了"物"不具有真正信仰的性质,以资本作为一切关系的衡量标准,扭曲了真实的价值,真实的价值被虚无了。

再次,拜物教也隐含了相对主义的倾向。相对主义是虚无主义的重要表现形式之一,这一点在前面已经着重进行过分析。拜物教同样包含着相对主义的倾向,这主要是由资本的增殖和扩张本性所决定的。前面已经提到,资本虚无了现实世界的真实价值之后,妄想成为一切价值衡量的标准,我们已经否定了资本不可能成为确定性价值的标准,即便我们先行认为资本可以成为新的价值评价标准,而它又可能让同一价值既可能是对的,又可能是错的。当某种价值在一定条件下能够带来利益时它就是正确的,当暂时消失一会儿,它可能就会因带来不了利益而被认定为是错误的。更为严重的是,资本拜物教要是作为一种价值观念出现时,就容易产生伦理道德的危机,使人分不清是非对错,辨不清美丑。人们在追求物质利益的同时,没有了对崇高的敬畏,就会越来越迷茫、空虚、痛苦和绝望。

三、个人受抽象的统治

在现代资本主义社会,作为抽象化和虚无化的资本竟成为价值的主体,成为衡量一切价值的唯一标准——最高价值。为何会出现这样荒谬的悖论? 在马克思看来,就是形而上学与资本实现了结盟。当传统形而上学在天国的统治遭遇窘境之后,资本却在资本主义社会中获得了存在的现实基础,从而继续主宰着人们的现实生活。资本附属于形而上学,形而上学为资本的合法性提供了理论保障和形式规定。形而上学的资本对现代社会的抽象统治,仍然遵循着一种主客二分的知性思维模式,其中有一个绝对的主体,统治着其他的概念。因此,作为形而上学现实基础的资本主义社会,必然会存在着这样的一个绝对性的实体——资本,它抹杀并解构了一切事物的个性和多样性。因此,马克思指出,在资本的蒸馏与过滤之下,资本将一切具体的事物都同质化了,并且牢牢地统治着和规定着现实社会生活的一切,这就与形而上学抽象的同一性原则不谋而合。

马克思在《政治经济学批判(1857—1858 年手稿)》中明确指出:"个人现在受抽象统治,而他们以前是互相依赖的。但是,抽象或观念,无非是那些统治个人的物质关系的理论表现。"①这里,"抽象或观念"在理论层面就表现为自柏拉图以来的形而上学传统;"抽象统治"在现实层面则表现为资本主义社会生活世界中的商品、货币、资本。此后,马克思在《资本论》中通过对资本主义经济社会的深入分析进一步发现,在资本主义社会里,三大拜物教——商品拜物教、货币拜物教、资本拜物教,是一个"抽象化"不断加深的进程,如果说商品拜物教的谜还是可以识破的,但当这种抽象化发展到资本拜物教阶段,我们已经看不到人与人之间关系的任何痕迹,资本变成了能够自行增殖的神奇"怪物",它成为上帝之死之后的新的接班人,资本取代了上帝的位置,成为新的"神圣形象"。如果说上帝作为一个至高无上的显性抽象的存在,那么在现代资本主义社会中,资本则成为更具隐蔽性的抽象的存在,这种隐形的逻辑遮蔽了现实社会的生产关系,使人的独立性和个性完全以对物的依赖性为基础,最终作为否定人的生命价值的"抽象的存在"即资本,实现了对一切存在的统治和支配。资本就像"抽象的病毒"一般,将"人的社会关系转化为物的社会关系;人的能力转化为物的能力"②。

在现代资本主义社会,个人受抽象的统治,首先就表现为集理想性与现实性为一身的资本对个人的抽象统治。在马克思看来,资本反映着以私有制为基础的现代资本主义社会的生产关系,这种生产关系造成了人与现实生活世界以及人与资本的关系都发生了颠倒。在现实生活中,本来资本是为了满足人们的生产生活的需要,使人实现自身的丰富性和

---

① 中共中央马克思恩格斯列宁斯大林著作编译局.马克思恩格斯文集:第八卷[M].北京:人民出版社,2009:59.
② 中共中央马克思恩格斯列宁斯大林著作编译局.马克思恩格斯文集:第八卷[M].北京:人民出版社,2009:51.

完满性,而资本却凌驾于人的现实之上。资本主义生产方式的形而上学本质正是人的感性生命本质的抽离,劳动成为抽象的劳动,劳动和劳动产品作为人本质力量的对象化,必须听命于资本的先天规定。人也变为和机器一样的先验规定,完全抽象化为"物"的存在、异己的存在,最终成为资本增殖的工具和手段。资本具有了绝对的优先性和主体性地位,在资本逻辑抽象的统治下,人不断地丧失自身本真的价值而被抽象的思维和精神规定,成为一种被动的存在者。

资本逻辑试图将一切都纳入资本运行的范围内,使其作为现实生活的最高准则,并且吸纳所有社会关系,变成一切本体性存在,人的关系都要服从资本逻辑这种先验的结构和秩序。在资本雇佣劳动制度下,资本成为现存一切事物的实体,它使劳动力成为一种商品,使劳动成为一种异化的劳动,使社会成为一个物化的社会,使自然成为原料仓库。显然,资本成为现实生活的主宰,人的生命意义和价值的呈现也被迫来自于资本。同时资本逻辑所具有的强大"同一性"力量,把有感性活动存在的人给抽象化,人成为抽象的个人,人的感性生命本质被置于知性化的科学解释中,不仅丧失了对自然的改造能力,而且人的生命活动也被迫降低到动物的水平。人作为自由自觉的存在者,本来可以通过感性活动,不断丰富和完善生命,但是在现代资本主义社会,"人(工人)只有在运用自己的动物机能——吃、喝、生殖,至多还有居住、修饰等等——的时候,才觉得自己在自由活动,而在运用人的机能时,觉得自己只不过是动物。动物的东西成为人的东西,而人的东西成为动物的东西"①。

资本主义社会解构了人对人的依赖,但在对物(即资本)依赖的基础上重新塑造了人与人之间抽象的金钱关系。在"以物的依赖性为基础的人的独立性"的总体社会生活状况下,在工具理性思维方式的支配下,人们借用"物"的眼光来审视现实的生活世界和反思人自身的存在方式,

---

① 中共中央马克思恩格斯列宁斯大林著作编译局.马克思恩格斯文集:第一卷[M].北京:人民出版社,2009:160.

把资本作为人类存在的终极目的,每个人都在追逐着自己的现实利益。作为"原子化"的个人,人们更加强调以自我为中心,本来个体的存在是在一定的社会关系中得以实现的,而现代社会由于过于对自我的专注,缺少对他人及社会的责任感和关心,只考虑自我欲望的满足和占有。在资本主义社会中,个人的独立性还是一种虚假的独立,个体的生命意义和价值并没有得到尊重和实现,个体还受到抽象的统治,处于异化的生存方式中。马克思通过对资本逻辑的批判,揭露了形而上学的资本本性。在马克思看来,只有彻底颠覆资本逻辑的抽象统治,才能实现对形而上学的彻底清算,才能回归人的本真的生活状态。

第三节 现代虚无主义总根源的批判

无论是资本逻辑导致人们受到抽象的统治,还是拜物教的盛行,它们都深深地根植于资本主义制度之中,这是造成现代人陷入虚无主义的总根源。许多现代西方哲学家,都是从传统形而上学——虚无主义赖以生存的基础——展开深入的哲学批判,认为虚无主义的根源就是形而上学,但是他们没有洞察到观念层面的问题来源于现实的社会制度层面,因而他们克服虚无主义也只是停留于不同层面的理论致思,最终都无法真正克服虚无主义。马克思则从历史唯物主义出发,极大地关注现实个人的生存处境及其现实的物质生产实践活动,是在检讨和批判形而上学的现实的社会历史根源和制度基础上,对以私有制为主体的资本主义工业社会对人的异化或物化的生存处境与精神生活的沦丧进行了无情的揭露和批判,为真正超越虚无主义提供了现实之路。

一、人的生命本质的异化

在马克思的历史唯物主义视域里,体现人的生命本质力量的就是人自身的生存实践活动,而劳动是贯穿于整个马克思主义理论的一根红线,是理解全部社会历史的"钥匙"。人类社会的发展和进步离不开劳动,人的价值和尊严必然通过劳动才能在日常生活中得以体现,"整个所谓世界历史不外是人通过人的劳动而诞生的过程"①。因此,在马克思看来,人通过劳动"证明自己是有意识的类存在物"②,自由自觉的创造性的对象化活动是确证和构成人存在方式的本质性特征,是人自我本质力量的体现。人们能够在对象化活动中凭借自己的本质力量,创造自己的生命意义和价值理想,并且实现着自己作为人的自由。在现代虚无主义的生存处境中,人生意义和价值的失落从本质上来说就是人的生命本质的异化。可以说,人的生命本质才是确证人之为人的根本规定,为人的生命提供意义和价值的支撑。马克思进行了一系列的批判,具体包括宗教、形而上学、资本逻辑、拜物教等,其实质都是对人的生命本质异化的批判。人的生命本质发生异化必然陷入到无意义的虚无主义处境之中,因此,现代虚无主义的本质就是人的生命本质的异化。

现代资本主义工业社会的发展给人们的生活带来空前的繁荣,资本逻辑的存在也给现代社会创造了巨大的物质财富,这本应进一步提升和丰富人的生命本性,可是在马克思看来,现实却恰恰相反,人的生命本质非但没有提升和强大,反而走向了衰落和异化。按照马克思的观点,资本逻辑所主宰的现代工业社会中,在资本主义的生产条件下,人们所从事的生产劳动是一种异化劳动,"人的对象化的本质力量以感性的、异己的、有用的对象的形式,以异化的形式呈现在我们面前"③。在马克思看

---

① 中共中央马克思恩格斯列宁斯大林著作编译局.马克思恩格斯文集:第一卷[M].北京:人民出版社,2009:196.

② 中共中央马克思恩格斯列宁斯大林著作编译局.马克思恩格斯文集:第一卷[M].北京:人民出版社,2009:162.

③ 中共中央马克思恩格斯列宁斯大林著作编译局.马克思恩格斯文集:第一卷[M].北京:人民出版社,2009:193.

来,资本"以最普遍的形式成为世界历史性的力量"①,它与宗教一样不过是"人的对象化的异化了的现实,是客体化了的人的本质力量的异化了的现实"②,它以客观形式实现着对人的奴役和统治。在资本主义的生产条件下,人的生命本质异化为非人的统治力量,这就导致了"工人生产得越多,他能够消费的越少;他创造价值越多,他自己越没有价值、越低贱;工人的产品越完美,工人自己越畸形;工人创造的对象越文明,工人自己越野蛮;劳动越有力量,工人越无力;劳动越机巧,工人越愚笨,越成为自然界的奴隶"③。劳动者通过劳动所生产的劳动产品变成了一种异己的存在物,并且体现劳动者生命本质的活动与劳动者自身相对立,本来属于人的东西异化为不属于人的了,在这种物化的劳动中,人始终受到资本的统治,最终人的生命本质异化为非人的统治力量。"工人生产的财富越多,他的产品的力量和数量越大,他就越贫穷。工人创造的商品越多,他就越变成廉价的商品。"④本来人的生命本质可以通过人自主地、自由地改造对象世界的活动得到表现和确证,而异化了的生命本质越来越远离了人之为人的本质规定性和丰富性,反而沦为遏制人的自由和阻碍人生意义和价值的实现的毁灭性力量。在马克思看来,人的生命本质的异化是现代虚无主义的本质所在。

在马克思看来,现代虚无主义的"最高价值的自行贬黜"⑤恰恰指的是"人的价值的贬值"。在现代资本主义工业社会,"物的世界的增值同

① 中共中央马克思恩格斯列宁斯大林著作编译局.马克思恩格斯文集:第一卷[M].北京:人民出版社,2009:182.
② 中共中央马克思恩格斯列宁斯大林著作编译局.马克思恩格斯文集:第一卷[M].北京:人民出版社,2009:204.
③ 中共中央马克思恩格斯列宁斯大林著作编译局.马克思恩格斯选集:第一卷[M].2版.北京:人民出版社,1995:42.
④ 中共中央马克思恩格斯列宁斯大林著作编译局.马克思恩格斯选集:第一卷[M].2版.北京:人民出版社,1995:40.
⑤ 海德格尔.海德格尔自述[M].丁大同,沈丽妹,编译.天津:天津人民出版社,2017:106.

人的世界的贬值成正比"①,在物的世界里,人似乎迷失于人的本质力量不断提升的假象中,而事实上人的本质力量竟然异化为敌视人的独立力量。特别是当今,商品、货币、资本试图赋予人一种抽象的本质,人的自由个性正在受到奴役和控制。总之,正是作为人之为人的本质规定性采取了异己的、敌人的方式,实现了对人生命本质现实性和丰富性的遮蔽和压抑,人的生命意义和价值便没有了支撑,必然陷入无意义的虚无主义处境之中。马克思通过对异化劳动的深刻分析和批判发现,私有财产是造成人的生命本质异化的"产物、结果和必然后果"②,"由于私有财产体现在人本身中,人本身被认为是私有财产的本质,从而人本身被设定为私有财产的规定"③,也就彻底造成了对人本身的否定。因此,在马克思看来,要想改变人的生命本质异化的状况,走出虚无主义的处境,就必须变革资本主义制度,摆脱异己的、外在的一切束缚,将人的本质归还给人自身,才能最终实现人真正的独立性和个性。

二、资本逻辑及其资本主义私有制批判

按照卢卡奇的理解,历史唯物主义最重要的任务是,对资本主义社会制度做出准确的判断,揭露资本主义社会制度的本质。④ 在马克思看来,无论是物质层面的物化,还是作为抽象形式和规定性存在的资本,都与资本主义制度的内在关联在一起,而虚无主义问题的实质就是资本主义制度的危机。马克思正是在对资本主义社会私有制所具有的剥削本质和非人道性的无情批判中,揭示了工人阶级无家可归的悲惨命运,这

---

① 中共中央马克思恩格斯列宁斯大林著作编译局. 马克思恩格斯文集:第一卷[M]. 北京:人民出版社,2009:156.

② 中共中央马克思恩格斯列宁斯大林著作编译局. 马克思恩格斯文集:第一卷[M]. 北京:人民出版社,2009:166.

③ 中共中央马克思恩格斯列宁斯大林著作编译局. 马克思恩格斯文集:第一卷[M]. 北京:人民出版社,2009:179.

④ 卢卡奇. 历史与阶级意识——关于马克思主义辩证法的研究[M]. 杜章智,任立,燕宏远,译. 北京:商务印书馆,1992:307.

是造成虚无主义的根本原因。因此,立足于资本主义制度批判,揭示资本逻辑的抽象统治,才能发现虚无主义是现代社会的负面的和否定性的价值的原因,并找到克服和遏制虚无主义的道路。

　　马克思指出,在资本主义制度下,资本作为生产关系的现实反映,是资产阶级的意识形态的产物,始终代表的是资本家的利益。在马克思看来,资本主义社会并没有实现理性形而上学所承诺的必然性的价值王国。资本主义社会所宣扬的"自由、平等、博爱"的价值观念也不过是资本的谎言,带有强烈的虚假性和阶级性。资产阶级主张的天赋人权,其实质是用自然权利的平等掩盖社会的不平等,资本主义社会以生产资料占有为源泉,表面上看起来是平等的竞争,一切商品都同样表现为社会的、无差别的劳动一般的对象化。在马克思看来,资本主义的人权就是私有财产权,这就是他们的特权,他们用这一特权维护资产阶级那种纯粹的人道主义虚伪的价值理念,不过是资产阶级"炫富"的一种手段,或者为了更多地占有剩余价值塑造的"美好形象",其目的始终是获得更高的利润。马克思在《德意志意识形态》中又进一步指出"人权本身就是特权,而私有制就是垄断"[①]。在资本主义社会的剥削制度下,工人阶级只能被动地接受和服从资本家的价值标准和利益诉求。因此,自由只是资本家的自由,权利也只是资本家的权利。对于工人阶级来说,资本主义社会的价值体系和规范不仅是外在的、抽象的,而且是冷漠的、压迫的。工人阶级已经失去了追求价值的权利,更不用说尊重和实现个体的生命意义和价值了。

　　马克思认为,在资本主义私有制社会,由于资本成为一种抽象的统治力量,资本逻辑作为物化的生活世界的主导原则,资本与体现人的自由自觉生命活动的劳动是根本对立的。尽管表面看来工人阶级好像被"平等"地纳入到了资本主义社会的生产体系之中,工人们享有通过劳

---

　　①　中共中央马克思恩格斯列宁斯大林著作编译局.马克思恩格斯全集:第三卷[M].北京:人民出版社,1960:229.

动创造幸福和实现生命意义和价值的权利,而事实上,在资产阶级社会里,物化了的劳动转化为交换价值,自由自主的劳动被迫降格为谋生的手段。工人只能靠出卖自己的劳动力来维持自身的生存,以致不得不尽可能地满足资本家的利益需要,除此之外别无选择,这是工人阶级无法逃脱的现实命运。资本家为了获得更多的社会财富,尽可能地占有剩余价值,实现利润最大化,必须通过缩短劳动时间、提高劳动强度来剥削和压榨工人阶级。因此,对工人阶级来说,劳动不是肯定自己、使自己感到幸福,而是否定自己、使自己感到不幸。在现代资本主义生产制度中,自由已成为资产阶级特有的话语权。只有资产阶级才有资格谈论和追求生命的价值和意义,而工人阶级只能处于无家可归的虚无之中。因此,在马克思看来,私有制必然造成现代社会价值虚无、人类无家可归。在资本主义社会,私有财产所表现出来的是人与人的关系,即统治与被统治、奴役与被奴役的关系。在资本主义私有制这个实物形态的支配下,由于资本主义社会化使得大量的剩余产品出现,资本家为了最大限度地追求剩余价值,通过雇佣劳动剥削和压榨劳动者,私有制发展的程度越高,人的尊严就越低,人与人之间身份的差别与地位的高低就越明显。私有制使人变得如此愚蠢而片面,以致只有当它为我们所直接占有时,把它作为资本使用时,才是我们的。① 因此,只有瓦解异化的资本主义制度,才能摆脱抽象和虚假观念的统治,才能使现代人实现自我的解放和独立,从而才能谈及为使人的丰富性得以呈现的种种新的形而上学规定。

---

① 中共中央马克思恩格斯列宁斯大林著作编译局.马克思恩格斯文集:第一卷[M].北京:人民出版社,2009:189.

第五章 历史唯物主义对现代虚无主义的破解

从传统社会向现代社会的过渡,与之相随的是人的价值取向和文化关怀遭遇冲击,一些人面对急剧变化的时代变得茫然和无所适从。自尼采之后的许多现代、后现代西方哲学家曾通过各种方式寻求克服虚无主义的路径,有人提出通过哲学的方式,有人提出回归传统,有人提出宗教救赎,还有人提出通过道德的反思来遏制虚无主义,尽管这些方式都具有一定的启发意义,但其似乎总是遁入另一种形而上学之中,都未能真正解决人安身立命之本的问题。他们之所以未能超越虚无主义问题,原因在于,从总体看来,他们还只是停留于观念层面的批判,单纯从文化精神层面来解决虚无主义问题,"试图以一种形而上学的方式来寻求普遍的、绝对和终极的价值基础,并因此来克服价值虚无主义,是一种不得要领的办法"①。所以,必须从观念的逻辑转向实践的逻辑,从而彰显历史唯物主义在虚无主义超越上的弥足珍贵的思想资源与独特价值。主要表现为:其一,按照历史唯物主义的观点,回归人的现实的生活世界,深入到社会历史现实的批判中,我们就会发现资本逻辑、拜物教、私有制对人及人的生活世界的抽象统治,而这种抽象的统治造成了人的生命本质的异化,使人处于非人的境地,其根本原因在于资本主义制度,只有变革资本主义制度,改变这种人的异化状况,瓦解抽象存在和虚假观念的统

---

① 贺来.个人责任、社会正义与价值虚无主义的克服[J].哲学动态,2009(8):14.

治,才能超越虚无主义。其二,作为世界观的历史唯物主义,它来源于马克思对一切旧唯物主义世界观和一切唯心主义的世界观的批判和继承。在这一过程中,历史唯物主义与辩证法的相互支撑,才能实现世界观的革命性变革。从这个意义上来说,从历史唯物主义出发所理解的马克思的辩证法,不再是黑格尔以思想的内涵为逻辑的"神性辩证法",而是确立了从实践出发,以人的现实的生命活动为本性的人的观点的辩证法,从而拆解了两极对立知性的思维方式,表达了一种对人的生命态度与价值的辩证觉解,为超越虚无主义提供了一种可能的方式。其三,传统信仰观是有神论的,现代的信仰观是物化的,而马克思历史唯物主义所敞开的新的信仰理念,即科学的社会主义或者共产主义信仰是以人为中心的,它极大地关注人的生活世界及人自身的发展,是立足于人自身内在的超越的终极关怀,从而实现了理性的批判精神与信仰的绝对意识的内在统一,实现了理想性与现实性的统一,实现了自然主义与人道主义的统一,最终实现了对虚无主义的超越。所以说,历史唯物主义不仅仅批判了虚无主义,而且也为我们指出了超越虚无主义的现实道路,这就是共产主义。

第一节　变革资本主义制度,
瓦解资本逻辑的宰制

从西方哲学家对虚无主义的批判分析中可以看出,他们认为虚无主义的产生是传统形而上学和上帝之死所导致的必然结果,对此,马歇尔·伯曼指出,陀思妥耶夫斯基、尼采以及他的后继者们将现代虚无主义归罪于科学主义、理性主义和上帝的死亡,而马克思则将现代虚无主义归为资产阶级的经济秩序的机制。这也正是马克思与其他哲学家对于虚无主义批判采取的不同的思想路径。马克思立足于历史唯物主义,在深刻分析和总结形而上学深刻的现实社会历史根源基础之上,不仅揭露了传统形而上学的抽象性和虚假性,而且还深入到资产阶级的经济秩序的机制中揭示了虚无主义产生的现实根源,由此提出了克服虚无主义的现实途径。马克思认为,虚无主义是资本主义物化的必然结果,在资本主义制度条件下的现代性社会,资本逻辑、拜物教、私有制必然导致虚无主义的结局,因此,想要超越虚无主义的关键就是要变革资本主义的制度基础,"克服虚无主义,实际上就是要求摧毁资本主义制度,构建与新的社会形态即社会主义及共产主义社会相匹配的新型价值观"①。

一、瓦解资本逻辑对人及其现实生活的宰制

马克思从资本逻辑这个统治和支配一切现实世界的最大化运行逻辑出发,对虚无主义的批判不仅包含着对资本本性、内涵及其原因的揭示,还包含着对这一现代性危机解决路径的思考。在马克思看来,既然以资本为主导原则的资本主义社会必然导致虚无主义,那么对于虚无主义的克服路径必然就在于对资本逻辑的超越。对于如何超越资本逻辑从而从根本上克服虚无主义,马克思立足于资本逻辑的双重作用,认为以资本逻辑为支点的资本主义社会起源于资本,同时也覆灭于资本。资本逻辑既有积极的一面,也有消极的一面,是一种历史的"扬弃"。在马克思看来,异化与异化的扬弃走的是同一条道路,超越资本逻辑的方向与资本逻辑的发展方向是一致的。那么,如何扬弃资本逻辑以此克服虚无主义?既要允许资本逻辑在现阶段的发展,又要限制资本逻辑在现阶段的负面影响,还要澄清资本逻辑的历史性。也就是说,从根本上超越资本逻辑也就从根本上克服了虚无主义。

一方面,马克思认为,在资本主义制度条件下,虚无主义产生的现实根源就在于资本逻辑,这是资本主义的生产方式所决定的。在资本主义

---

① 邹诗鹏.现代性的物化逻辑与虚无主义课题——马克思学说与西方现当代有关话语的界分[J].天津社会科学,2009(3):7.

社会,在资本的最大化强力运行逻辑的作用下,资本就像一台"永动机"一般,疯狂地追逐价值的增殖,由此获得最大化的利润。然而,当资本内在矛盾无法被克服时,资本逻辑就会崩溃,最终导致资本走向"解体"或者"利用资本本身来消灭资本"①,这样的资本主义生产方式是历史的、有限的,这样的资本主义社会形式也必然会被更高级的社会形式所取代。另一方面,从根本上克服虚无主义是要建立在资本逻辑充分发展的基础上的,不是要全盘否定资本逻辑,而是要实现对资本逻辑的扬弃。资本的积极作用不仅在于促进社会生产力的发展,而且能为克服虚无主义提供必要的物质基础。因为只有满足了自己的生存需要,才能进一步思考理想和价值。马克思提出了"两个决不会"思想:"无论哪一个社会形态,在它所能容纳的全部生产力发挥出来以前,是决不会灭亡的;而新的更高的生产关系,在它的物质存在条件在旧社会的胎胞里成熟以前,是决不会出现的。"②因此,可以说共产主义是资本主义历史发展的必然。马克思认为,在资本主义雇佣劳动制度下,资本的本性决定了资产阶级在生产剩余价值的同时,也生产了它自身的"掘墓人"。因此,马克思和恩格斯做出庄严宣告:"资产阶级的灭亡和无产阶级的胜利是同样不可避免的。"③马克思启示我们,要从根本上实现对虚无主义的超越,应当着眼于未来,社会主义或共产主义是对资本逻辑的瓦解,这是人类社会历史发展的必然趋势。

只要在资本主义社会制度下,资本逻辑、私有制和拜物教就会一直存在,也必然导致个人受抽象统治的命运,使人真实的生命意义与价值被遮蔽,人类丧失掉了真正的价值根基。资本主义私有制下的生产方式片面追求经济利益的增长,无限度地消耗和开采自然资源,使人成为资

---

① 中共中央马克思恩格斯列宁斯大林著作编译局. 马克思恩格斯文集:第八卷[M].北京:人民出版社,2009:91.

② 中共中央马克思恩格斯列宁斯大林著作编译局. 马克思恩格斯选集:第二卷[M].2版.北京:人民出版社,1995:33.

③ 中共中央马克思恩格斯列宁斯大林著作编译局. 马克思恩格斯文集:第二卷[M].北京:人民出版社,2009:43.

本实现增殖的手段和工具;它把人与人的关系变为物与物的社会关系,在现实生活中以"物"作为衡量一切关系的尺度,物成为生活世界的主宰。当物(商品)一旦作为劳动产品用于交换,交换价值就又一次抹杀了人的一切个性和差异化,使人陷入"感觉欲望的宗教"①。虽然现实生活中"物"的价值不断增长,但"人"的价值在不断贬值。人类必须明白,通过物质舒适而达到满足的诺言是短暂的和虚假的,因为"人类的需要在整个社会中是有限的,并且真正个人幸福的源泉是另外的东西"②。在资本主义私有制的条件下,任何对人的真正价值的需求最终都只是一个虚幻的"现代神话",而实现的价值只是形式和抽象的资本价值,其实质都是为资本家谋取私利。在马克思看来,以往的哲学家们之所以没有找到解决现代性社会人类精神危机切实可行的道路,就在于哲学家们只是用不同的方式解释世界,而问题在于改变世界。马克思所追求的改变世界,并不是单纯地改变现代社会的抽象的本体论根基,用一种形而上学的规范取代另一种形而上学的规范,而是深入到资本主义经济秩序中,彻底地瓦解现代性社会虚无主义资本主义的制度基础,揭露现代虚无主义产生的现实根源,从根本上变革资本主义的私有制,改变传统形而上学抽象化和观念化的范式,将被颠倒的或者虚化的人的生命意义和价值,带回人类现实的生活世界。因此,马克思认为,只有对资产阶级社会进行现实革命,变革资本主义制度,开启一种全新的生产方式和生活方式,才能彻底地消灭资本逻辑存在的前提和基础——私有制,才能脱离现代社会个人受抽象统治的物化或异化的生存状态与精神生活沦丧的虚无主义处境,重新给人的生命与生活赋予意义和价值。

而社会主义社会、共产主义社会与资本主义社会完全不同。在共产主义社会,资本主义制度将被彻底推翻,资本逻辑存在的前提——私有

① 中共中央马克思恩格斯列宁斯大林著作编译局.马克思恩格斯全集:第一卷[M].北京:人民出版社,1956:113.

② 艾伦·杜宁.多少算够——消费社会与地球的未来[M].毕聿,译.长春:吉林人民出版社,1997:27.

制将被消灭。生产资料公有制已经确立，人们平等地占有生产资料和生活资料，马克思指出，私有制并不总是存在的，它会随着社会历史的发展而消亡。在以生产资料公有制为基础的"个人自由联合体"的社会中，生产资料共同占有，每个人都是生产资料的主人，人与人之间是自由和平等的，这样就消灭了人被剥削和被压迫的社会现象，瓦解了资本逻辑的宰制和霸权，打破了物对人的抽象统治，使人成为真正意义上的大写的"人"，充分彰显了人的生命意义和价值，也就从根本上超越了虚无主义。

二、改变人的异化状况，实现人的自由自觉的生命本性

在资本主义的雇佣劳动制度下，人的劳动将永久是一种异化的劳动和外在化的劳动，资本获得了对劳动的占有权和支配权，工人的劳动是在强迫下进行的，劳动意味着剥削、压迫和不幸；资本主义劳动使人成为物的奴隶，使人成为资本实现价值增殖的手段和工具，使人成为机器的附属品和零部件，人的生命本质异化必然导致虚无主义。从劳动的本体论来看，劳动作为人自由自觉的类本质，它本身具有平等和自由的特征。劳动作为人的生命活动或类活动，充分体现了人的创造性、个性和生命的独特性。"我的劳动是自由的生命表现，因此是生活的乐趣。"[①]如果仅仅因为人为了自己的生存才进行劳动，把劳动视为个人的谋生手段，那么劳动只不过被抽象化为赚取生活资料或消费资料的工具，就丧失掉了劳动内在的丰富意蕴，造成劳动与社会生活的分离。人们在劳动中自然感受不到劳动的乐趣与生活的意义，而只能体验到疲惫、空虚，甚至是焦虑和痛苦。劳动本身并没有等级和高低贵贱之分，劳动的目的是获得自由，而不是被强迫。然而，在资本主义雇佣劳动制度下，任何有关人的真实价值的诉求，最终都不过是一场虚幻的"现代神话"，所实现的价值

---

① 中共中央马克思恩格斯列宁斯大林著作编译局.马克思恩格斯全集:第四十二卷[M].北京:人民出版社,1979:38.

不过是形式化的和抽象化的资本价值,作为体现人的生命本性的劳动也反过来成为泯灭人的自由性、主体性、能动性与创造性的抽象力量,同时也就造成了人的生活意义与价值的虚无。

前文已经分析私有财产是造成人的生命本质异化的"产物、结果和必然后果",同时社会分工也是造成人的生命本性异化的原因,也就是造成现代人虚无主义的原因。私有财产与社会分工是同义词。在资本主义制度下,整个社会的生产方式都是在资本逻辑的控制下进行生产,人的劳动还是一种异化的劳动,而社会分工也必然受资本逻辑的支配和控制,这时社会分工还是一种自发的分工。马克思说:"只要特殊利益和共同利益之间还有分裂,也就是说,只要分工还不是出于自愿,而是自然形成的,那么人本身的活动对人来说就成为一种异己的、同他对立的力量,这种力量压迫着人,而不是人驾驭着这种力量。"①在《德意志意识形态》中,马克思对自觉的分工进行了阐释,在共产主义社会里,人的劳动固定性消除,劳动空间不断拓宽,劳动领域自动转换,每个人都可以根据社会的需要和自己的喜好在各个部门之间自由流动和发展,社会调节着生产,因而人们可以从事自己擅长和感兴趣的职业。

在社会主义社会或者共产主义社会,劳动从资本逻辑的抽象统治与压制下解放出来,重新将劳动恢复为人的自由自觉的创造性活动,劳动不再是被迫的和强制的,而成为真正实现人的创造性的价值。在社会生产资料公有制条件下,社会生产力明显提高,社会财富充分涌流,人们各尽所能,按需分配,每个社会成员不再担心生存的问题,异化劳动也随之消失。因此,劳动者可以自由选择符合自身劳动能力的生产和实践活动,劳动者参加劳动的目的不仅仅是满足自身的生存需要,而是使自己的潜能和才华在劳动中得到充分发挥,最终在劳动的过程中实现自我的意义和价值,创造着自由自觉的幸福生活。正如马克思所言:"我在劳动

---

① 中共中央马克思恩格斯列宁斯大林著作编译局.马克思恩格斯选集:第一卷[M].2版.北京:人民出版社,1995:85.

中肯定了自己的个人生命,从而也就肯定了我的个性的特点。劳动是我真正的、活动的财产。"①由此可见,在社会主义社会或者共产主义社会中,劳动不仅是手段也是目的,是手段与目的的统一,劳动给每个社会成员提供了充分发挥自己主观能动性与创造性的机会,同时社会也给每个成员提供了自由而全面发展的机会。

　　根据马克思的"三阶段"理论,在人类社会发展的第一个阶段即"人的依赖关系"②阶段,个人的自由受到自然条件等偶然性的支配,人的本质力量还相对弱小,现实人的理想价值观念等受到某种抽象化、外在化的"理念""实体"的压制;到了人类社会发展的第二个阶段即"以物的依赖性为基础的人的独立性"阶段,与前一个阶段相比,人们摆脱了人与地域相依附的原始自然状态以及人与人相依附的等级秩序,人的主体地位凸显,人真正获得了个体的独立性,建立在交换价位基础上的个人关系和个人能力得到普遍性和全面性的发展。但是,对"物的依赖"也隐含着对"物的沉沦"。在马克思看来,对物的过度逐求必然走向拜物教,而物化时代的拜物教不过是"感觉欲望的宗教"。商品、资本、货币成为统治和奴役人的抽象力量,人在对物的过度逐求中也必然丧失掉人的生命本性,人成为物的奴隶,人与人之间的关系变成物与物的交换关系。在理想价值观念层面,就会形成物化的价值观和信仰观。在这一阶段,人的独立性和自由个性被"物"所遮蔽,人还不能真正占有自己的本质力量,实现人自由自觉的生命本性。总之,在马克思看来,只有人类历史发展到第三阶段,在自由人联合体的共产主义社会,一切抽象的存在与抽象的理念对人的遮蔽和压制被消解之后,才能真正实现把人的世界以及人的真实关系归还给人,人才能真正全面占有自己的本质,人的丰富的个性和独立性才能得到充分发挥,才能重新恢复人的生命意义和价值,

---

①　中共中央马克思恩格斯列宁斯大林著作编译局.马克思恩格斯全集:第四十二卷[M].北京:人民出版社,1979:38.
②　中共中央马克思恩格斯列宁斯大林著作编译局.马克思恩格斯文集:第八卷[M].北京:人民出版社,2009:52.

从而也就在真正意义上超越了虚无主义。

第二节 树立辩证法的思维，
走出知性思维的困境

马克思洞见到只有以彻底的辩证法思维才能最终扬弃传统形而上学，这是他比其他思想家的高明之处。辩证法不是一种单纯的认知工具和中性的概念框架，也不是与知性思维方式、自然科学思维方式相对立的一种认知方式，因为辩证法本身还具有生存论意蕴，内在蕴含着一种生命的价值态度和生活样式，它表达着一种人生的价值理想和崇高境界。虚无主义的思想根源在于传统形而上学两极对立的知性思维方式。文艺复兴以来的启蒙精神尽管恢复和张扬了人的主体地位，人的自然情欲需要获得了合法性，但是这种知性的思维方式依然存在，尼采叩响了现代虚无主义的大门并把它推向极致。传统有神论与现代虚无主义之间的二元对立似乎成为现代精神生活无法超越的难题，而辩证法作为一种对生命本性和人的生命态度与价值理想的辩证觉解，敞开了一种内在超越的信仰精神即共产主义信仰，可以在理想与现实之间、神圣性与世俗性之间保持一定的张力，为超越虚无主义提供了一种可能性的方式。

一、辩证法对生命本性的理论自觉

在西方哲学中，辩证法总是与形而上学纠缠在一起。形而上学的扬弃需要辩证法，辩证法的获得需要通过形而上学的扬弃来实现，这似乎是一个无法解决的问题。在马克思看来，人与自然的和解在黑格尔哲学的"绝对精神"中实现了统一，并且成为一个实体为人类的一切生活提供最高的基础。因此，黑格尔的辩证法是先验的理想主义，但他又认为理想不是一个独立的彼岸世界，人的坏欲望也是理性或理想实现的一个环节,它是在改善精神现象的漫长过程中实现。因此,他的理想主义和功利主义保持着必要的张力。然而,正如伽达默尔指出的那样,黑格尔的辩证法只涉及精神和自由的概念,它仍然保留着本体论上的自我归化。在马克思看来,黑格尔的"无人身的理性"①辩证法是实体、主体和本体的统一,只是人类生命活动及其历史发展的"抽象的、逻辑的、思辨的表达"②。黑格尔认为,自我意识是主体,辩证法是"无人身的理性"自我实现的辩证过程,从本质上来说是抽象的。马克思通过对黑格尔哲学的批判,在黑格尔"汇集了思辨的一切幻想"③中,真正吸收了辩证法的合理内核。早在1844年马克思就认识到:"辩证法,作为推动原则和创造原则的否定性——的伟大之处首先在于,黑格尔把人的自我产生看做一个过程,把对象化看做非对象化,看做外化和这种外化的扬弃;可见,他抓住了劳动的本质。"④在马克思看来,真正的本体和主体不是人的自我意识,而是具有自我意识的人。人类生命活动的独特性为辩证法提供了现实的基础,改变了黑格尔自我意识的神性辩证法的抽象性与无根性。因此,辩证法是以人的生命本质和生命活动本身为现实根基,实现对生命意义和价值的自我认识和自我理解。

作为立足于人的生命本性及其生命活动本身基础上的辩证法,不仅改变了以往辩证法的价值态度,即把现实的改变世界的实践活动看成是人类实现自由解放的现实道路,而且从逻辑上和学理上也要优于唯心主义自我意识的辩证法,离开实践的逻辑的辩证法必然包含着某些臆想的独断。马克思发现,实践是以一种自我否定为中介实现自我肯定的感性

---

① 中共中央马克思恩格斯列宁斯大林著作编译局.马克思恩格斯选集:第一卷[M].2版.北京:人民出版社,1995:138.

② 中共中央马克思恩格斯列宁斯大林著作编译局.马克思恩格斯文集:第一卷[M].北京:人民出版社,2009:201.

③ 中共中央马克思恩格斯列宁斯大林著作编译局.马克思恩格斯文集:第一卷[M].北京:人民出版社,2009:213.

④ 中共中央马克思恩格斯列宁斯大林著作编译局.马克思恩格斯文集:第一卷[M].北京:人民出版社,2009:205.

的实践活动,在这一活动中,彻底的否定精神,既不指向"恶的无限",也不归于虚无。

马克思的辩证法内在地表达了超越性的精神信念和终极价值的关切,在辩证法的思维方式中,蕴含着对绝对确定性的寻求,但同时也是对绝对确定性的消解,正因为如此,就在绝对主义与相对主义之间保持了必要的张力,所以,辩证法所蕴含的矛盾的对立统一的意识,既不会陷入绝对主义的独断,又避免了走向相对主义的虚无,内在地超越了绝对不相容两级对立的知性思维方式。同时,在辩证法那里,理想并不是遥不可及、虚无缥缈的"彼岸世界",而是在改造现实的生活世界中敞开了无限的意义指向性,这种超越性的精神向度和价值指向,并不是归于某种抽象物和某种实体,而是敞开了一种价值信念和信仰精神。马克思的关于人的观点的辩证法所敞开的这种内在的超越性的信仰精神,使现代人克服了生存的异化状态,树立了乐观的生存信念,引领人们不断地超越有限、通达无限,在对人的生命的辩证觉解中,在理想主义与现实主义之间保持着必要的张力。内在超越的信仰精神消解了存在的焦虑与意义的虚无,使人真正获得了一种内在坚定性的"存在的勇气",创造着属于自己的生活,追求着属于自己的个性,从而以乐观、健全和积极的生命态度实现着人之为人的意义和价值。

二、对两极对立知性思维方式的拆解

传统形而上学之所以导致虚无主义,主要就是因为两极对立知性的思维方式。现代哲学对传统形而上学进行了批判,但始终摆脱不了传统形而上学,仍然陷入了虚无主义的窠臼。其原因在于,现代哲学是以两极对立的知性思维方式来消灭形而上学的,以知性破解知性,怎样也无法走出这种思维方式的框架。那么,何为知性思维方式?如何拆解两级对立的知性思维方式?

人的自然生活和人的生命本身就是充满着矛盾性的存在。肉体与灵魂、历史性与超越性、感性与理性、有限性与无限性等等,一旦简单地用一方否定和吞噬另一方的规定性,必然陷入二元对立之中,人的价值态度也必然会发生偏差。黑格尔认为,所谓知性就是"那只能产生有限规定,并且只能在有限规定中活动的思维"①。在这个意义上,知性思维方式严格对应独断论。知性思维方式者倾向于在绝对不相容的两极对立中思考,根据抽象理智的逻辑要求,把对世界和人生的反思引向某种僵死的规定,非彼即此,在绝对确定性的追求失落之后,余下的就只有失望和虚无,最终在偏执的绝望和虚无中相互冲突。正如尼采所说,"虚无主义的极端形式认为:任何信仰,任何自以为真实的行为一定是谬误""虚无主义否定了真实的世界、存在和神圣的思维方式"②。在知性思维方式中如果只偏执于人的精神性与超越性的一方,把人生的意义和价值抽象地规定为某种脱离现实生活世界的理想世界和神圣世界,必然会出现极端的理想主义的人生态度。在马克思看来,"宗教是还没有获得自身或已经再度丧失自身的人的自我意识和自我感觉"③。尽管宗教表面看起来是超越世俗的,它是以绝对的信仰实现对于人的生命的超越,但宗教带给人们的意义和所寻求的确定性只能是虚幻的和神秘的,它是以"丧失自己"为代价的,并且它是一种抽象的、外在的超越。在遗忘了人的有限的虚无化的价值追求中,人超越的"神圣生活"和现实的"世俗生活"必然陷入二元的对立。

随着启蒙理性精神和资本主义工业文明的发展,作为有限性的知性思维方式依然解决不了人的自然属性与精神属性的二元对立。在海德格尔看来,现代人的这种感性与理性、精神生活与物质生活的知性对立背后所隐含的就是一种非辩证的工具理性的思维方式和价值态度。并且随着这种工具理性的片面化发展,人们的价值态度也走向了极端的功

---

① 黑格尔.小逻辑[M].贺麟,译.北京:商务印书馆,1980:93.

② 尼采.权力意志——重估一切价值的尝试[M].张念东,凌素心,译.北京:商务印书馆,1991:277.

③ 中共中央马克思恩格斯列宁斯大林著作编译局.马克思恩格斯选集:第一卷[M].2版.北京:人民出版社,1995:1.

利主义和个人主义。功利主义的价值观以"有用性"的利益最大化为原则,把一切都工具化和手段化了,甚至人也被纳入到最大化的逻辑中,用性价值凌驾于人的生命价值,成为人们所信奉的终极价值,人最终成为"没有精神的专家和不懂感情的享乐者"①,陷入信仰的虚无主义处境。一些人在对物的过度逐求中丧失掉自己的内在性和丰富性,其实质是以外在化的物作为尺度的控制论的思维方式,其极端发展的结果就是人与物的关系颠倒,人成为物的奴隶。启蒙的辩证法还表现为个人主义,用自然科学的思维模式去解决精神生活问题,把人的主体作为客体,用对象性的思维去精准分析人本身,这必然产生出原子化的个人。人的精神生活的整体性被破坏,人逐渐陷入粗俗化和感性化的泥潭,部分个体都变成孤立的原子化的个人,从而不断地强化着个人主义的人生观和价值观。

　　总之,知性思维方式使人的生命态度与价值出现了偏颇,近代启蒙辩证法进行了自我否定和自我摧毁,要想真正地超越传统形而上学以及虚无主义,最终要以彻底的辩证法的思维方式和作为生存论意蕴辩证法的理论自觉来实现。对马克思来说,辩证法的真实根基并不在于对生活世界变动事实的感性直观,也不在于对认知概念框架的理性自觉,而是在于对人的生命本性及生命活动的辩证本性的觉解和洞见。在马克思那里,人是有意识的生命存在,尽管感性意识和感性需要是人的生活的重要内容,但更重要的是实践性的生命活动。脱离开人的感性的生命活动,人的本质力量就会失去完满性和丰富性,丧失掉属人的性质。马克思的辩证法思维方式其实质是一种实践观点的思维方式,是以人性为根基的人学辩证法或者说是生存论的辩证法,这种彻底的辩证法对于现代人重建内在完整的精神生活,走出感性与理性、物质生活与精神生活的知性对立具有重要的思想价值。辩证法对于人的生存矛盾的洞见和肯定,使人的生命态度和价值理想不至于陷入单一化和线性化的偏执中,

---

① 苏国勋.理性化及其限制——韦伯思想引论[M].上海:上海人民出版社,1988:30.

使内在的矛盾达到了辩证的和解和良性的互动,具有了内在的张力意识,人们既摆脱了无法自拔的"苦恼意识",又不用倒退回"恶的无限",在"通晓思维历史及其成就的基础上"①以内在的否定实现对自我的发展,全面性和完整性的内在渴望引领人们实现对人的生命精神的自觉。这种对人的生命精神的自觉不仅开启了内在的超越性的精神生活,而且也是一种人格的教化和人生境界的提升,表达了内在超越性的终极关怀和对生命崇高意识的敬畏。

三、对人的生命态度与价值的辩证觉解

我们在前文指出,辩证法作为人的生命本性的理论自觉,是立足于人的生命本性及生命活动本身基础上的,其本质是关于人的自我生成、自我完善和自我创造的人的观点的辩证法。马克思所确立的人的观点的辩证法,不仅超越了二元对立的知性思维方式,而且也超越了传统的自然主义的人生态度和宗教的价值态度,从而确立了一种内在超越的精神信念。在这个意义上,可以说辩证法对人的生命态度与价值的辩证觉解,不仅敞开了辩证法的真实意义,而且为超越虚无主义提供了重要的启示和理论依据。

在马克思看来,辩证法的思维方式内在蕴含着否定性的生命态度。辩证法并不是否定一切,而是要在否定中寻求肯定的东西,在批判中彰显真实的存在,也就是说,它的根本目的是要寻求真理——生命的真理。② 从表面上看,辩证法的思维方式是对某种特定现实的拒绝、否定和批判,其本质是在确证人的发展和社会历史发展的本质结构的基础上形成的一种生活态度和价值态度。马克思在《资本论》第一卷第二版的跋中精准地表达了辩证法的本质精神:"在对现存事物的肯定的理解中同

---

① 中共中央马克思恩格斯列宁斯大林著作编译局. 马克思恩格斯文集:第九卷[M]. 北京:人民出版社,2009:460.

② 贺来. 辩证法的生存论基础——马克思辩证法的当代阐释[M]. 北京:中国人民大学出版社,2004:259-260.

时包含对现存事物的否定的理解,即对现存事物的必然灭亡的理解;辩证法对每一种既成的形式都是从不断的运动中,因而也是从它的暂时性方面去理解;辩证法不崇拜任何东西,按其本质来说,它是批判的和革命的。"①在黑格尔看来,某物与别物并不是单纯的对立关系,他们相互联系,某物向别物敞开,在别物中丰富和完善自身。从价值观念角度来说,任何单一的价值观或终极价值观,也必须超越自身的限制接受他者,在否定的互动中丰富和完善自身,创造新的价值,从而将这一过程不断地持续下去,而不是走向自身的反面。

辩证法体现了对人的生命本质的价值态度和辩证觉解。它以对人的生命本质和生命活动的自觉认识为基础,超越了黑格尔概念的固化和僵化,以把握人的生命不断自我创造和自我否定的活动为价值本性。无论是对人的理解还是对社会生活的理解,它们都不是前定的和预成的,人的本质正是在社会关系中生成的,这个生成的过程正是人不断地否定自我、扬弃自我的过程,是一个不断地自我超验、自我否定的生成过程,在这个过程中,人的社会性更加凸显,同时也在不断地推动着社会生活朝着更加美好的方向发展。由于人们内心有着无限的渴望,根本无法忍受无意义的生活,也正是在对有意义的追求过程中即在不断地否定和批判的过程中,人才能获得意义感的自足。总的来说,正是这种内在超越的精神力量不断地推动自我的实现和未来美好生活的实现。

辩证法的思维方式蕴含着一种内在超越的精神态度。辩证法并不是建立在知识体系上的概念命题,也不是规律和原理公式的绝对化,那种把辩证法视为知识性的形式和规范的辩证法,其本身所具有内在丰富的超越精神也将被遮蔽。辩证法的最大贡献在于,它在一定程度上破解了西方传统形而上学知性思维方式的主客二元对立。在主客二元对立的思维框架中,主体处于绝对的统治地位,蕴含着"人类中心主义"价值

---

① 中共中央马克思恩格斯列宁斯大林著作编译局.马克思恩格斯选集:第二卷[M].2版.北京:人民出版社,1995:112.

取向,不可避免地产生出"反自然"的现代文明,这种思维自觉或不自觉地潜藏于人们的无意识之域,一直支配和控制人们对整个世界的认识。德里达就曾指出:"传统哲学的一个二元对立命题中,除了森严的等级高低,绝无两个对项的和平共处,一个单项在价值、逻辑等等方面统治着另一单项,高居发号施令的地位。"①这种思维一旦形成就会变本加厉,主体占有、支配和操控着客体,人的欲望会不断扩张,更为严重的是,欲望货币化为资本成为资本自身无限增殖的逻辑。资本逻辑严重破坏了生态系统,导致人与自然的对立,本来人对自然的改造是为了使我们的生活更美好,而人却迷失在"人类中心主义"的美梦中无法自拔。作为知性思维方式的扬弃,辩证法就是要人从控制论的奴役状态中清醒过来,将人从因贪欲而产生的异化状态中解救出来,实现主体与客体的共生共存。

辩证法蕴含的内在超越精神是面向未来的和开放包容的。那种把资产阶级意识形态看作是最完美和理想的终极存在,是马克思恩格斯所坚决批判的:"永远不会在人类的一种完美的理想状态中最终结束;完美的社会、完美的'国家'是只有在幻想中才能存在的东西。"②辩证法恰恰终结了独断论,为价值的创造提供了更多的可能性,从这个意义来说,辩证法提供了一种看待问题的角度和一种思维方法。人作为一种有意义的存在,在人的本性中有对形而上的渴望与追求,所以人在日常生活中会彷徨无助,在有限目的实现后会空虚失落,这都说明人不能自然地获得生命的自足。辩证法作为一种面向人生自觉反省的生命态度和作为一种内在超越的精神信念,是在对绝对确定的肯定中包含着对已知的否定,在有限中超越无限,蕴含着在人的自我否定中实现自我发展和"改变世界"的决心和勇气,并且在这种内在超越的精神信念中,人从各种抽象

① 陆扬.后现代性的文本阐释:福柯与德里达[M].上海:上海三联书店,2000:2.
② 中共中央马克思恩格斯列宁斯大林著作编译局.马克思恩格斯文集:第四卷[M].北京:人民出版社,2009:270.

存在和虚假意识形态的桎梏中解放出来,超越了各种独断论和绝对规范的局限。在不断超越的过程中,发展无限、开放意义性和生命的可能性,以表达、实现和确认人的生命的超越性本质,不断实现生命的自我解放,使人真正变得崇高和伟大,从而获得一种内在超越且和谐从容的精神境界①,以此超越了片面的知性对立和"人的存在的焦虑"。

第三节　树立一种新的信仰理念

精神生活的虚无主义的实质即没有信仰、没有目标、没有意义。人们无法过无意义的生活,人类总是不满足于自我的现存状态,总是想超越自身的有限性,直至渴求通达无限的精神世界。对马克思而言,无论是通过西方传统有神论批判实现信仰神化的"祛魅",还是通过批判资本主义拜物教实现信仰物化的"解构",其真正内涵都在于揭示人的信仰的真实意蕴,促进人的解放和自由全面发展。在马克思那里,历史唯物主义并不是"没有灵魂"的物质主义,也不是追求物质享乐的纵欲主义,而是更加具有现实性和崇高性的精神追求。历史唯物主义所敞开的科学的社会主义或共产主义信仰不再是抽象的、外在于人自身的神话,也不再是以物化的方式来实现的,而是人"通过人并且为了人而对人的本质的真正占有"②,是以人的存在方式所实现的自我理解和价值世界的自我确证,它是以人性为根基的信仰理念,是立足于人自身内在超越的终极关怀。更为重要的是,科学的共产主义信仰是在对人的生命本性的辩证觉解中敞开了信仰精神的张力意识,是彻底的辩证法思维方式的

---

① 王艳华,庞立生.当代辩证法的生存论态度与人文旨趣[J].东北师大学报(哲学社会科学版),2010(6):12.

② 中共中央马克思恩格斯列宁斯大林著作编译局.马克思恩格斯文集:第一卷[M].北京:人民出版社,2009:185.

产物。在此意义上,其超越了信仰的"神化"与"物化"的两级分化,超越了理性与信仰的二元对立,超越了绝对主义和相对主义的恶性循环,也内在地超越了狭隘的个人主义与功利主义。马克思对现代虚无主义的超越正是立足于历史唯物主义,不是尼采的"权力意志",也不是海德格尔的"存在之思",而是从人的现实的生命活动出发,带着深远的历史使命与人文关怀,在实践中积极探寻出一条超越虚无主义的现实之路。在马克思历史唯物主义看来,共产主义作为人类未来的公共信仰,是在人类生存发展进程中实现人的自我肯定与自我确证,它使理想与现实之间保持着辩证的张力。作为人内在的终极关怀的共产主义信仰,实现了科学性与信仰性的统一、理想性与现实性的统一,从而真正实现了对现代虚无主义的超越。

一、"人的解放和自由而全面发展"的信仰理念

人的现实生活不仅表现为物质生活,还表现为内在超越性的精神生活,信仰就是精神生活的典型表现形式。信仰的真正蕴意就是要实现人的终极关怀、永恒追求,从而能面向未来,找到人生的意义和价值。在古希腊,人们追求内心的宁静、平和,凝目沉思生活的意义,至少在古希腊哲人的心目中,那种丝毫没有目的性的、超感性的纯粹的理性的沉思活动,就是最为自由和有意义的生活,它能给人内在的坚定性,因而是最值得过的生活。他们对于上帝观念的思考,与宗教中理解神的存在是不同的,更多地将其理解为一种解说万物源由的物质实体,是对最高存在的一种哲学的表达。在中世纪,人们把上帝奉为全知、全能、全善的终极存在,是绝对化信仰中的人格化的上帝。上帝是中世纪人们生活的唯一希望。在近代意识哲学框架内,人们的精神生活就表现为对理性的迷狂,树立了新的理性化的上帝。西方传统有神论的信仰观中,人们总是以一种抽象化和异化的方式表达人的精神生活的超越性和自由性,从而被远离感性生活世界的至高无上的神圣实体所支配和控制。尽管在西方传统社会,人们都崇奉这种超验的神圣价值,不管这种神圣价值是内在的

还是外在的,它都能给人以心灵的寄托,为西方传统社会提供核心价值、生活的意义和终极关怀的本体论支撑。然而,西方传统信仰观对超验性和虚幻性的价值追求,对人的存在和生活世界的遗忘已经成为一些人极力想摆脱的生命枷锁,当尼采宣告"上帝死了",也就意味着虚无主义"这个最可怕的客人"①的降临。在马克思看来,西方传统社会的有神论是外在于自身的神化,神不过是人本质的自我异化,当人的本质异化为某个虚幻的神圣性的存在时,人在丧失掉人之为人的现实性的同时,也失去自身的主体性和创造性。马克思之所以批判宗教就是为了把人的本质归还给人本身,"人不是抽象的蛰居于世界之外的存在物"②,而是要"使人能够作为不抱幻想而具有理智的人来思考,来行动,来建立自己的现实"③。这样,人的本质就从虚幻的彼岸世界重新返回到人自身,也使信仰从外在的宗教神学的枷锁下解放出来,从而信仰的真实的超越性在人的本质力量的现实性中得到自我实现和确证。马克思认为:"宗教是还没有获得自身或已经再度丧失自身的人的自我意识和自我感觉。"④在西方传统有神论的信仰观念中,人们一直以来把外在于人自身的神圣实体当作最高权威,人们臣服于它并且崇拜它和为它服务,人的主体性和自我意识长期受到压制和遮蔽,从而人就会失去自我,感到迷惘和虚无。

在西方现代社会,随着全球化和市场经济的不断推进,人原有自然性的存在方式被物的交换方式所打破,作为商品的"物"成为人与人之间联系的现实载体。对物的依赖取代了对神的依赖,人摆脱了物质匮乏的生存处境,物填补了"上帝退位"留下的空白,"人为自然立法"不仅解

---

① 海德格尔.林中路[M].孙周兴,译.北京:商务印书馆,2020:250.
② 中共中央马克思恩格斯列宁斯大林著作编译局.马克思恩格斯选集:第一卷[M].2版.北京:人民出版社,1995:1.
③ 中共中央马克思恩格斯列宁斯大林著作编译局.马克思恩格斯选集:第一卷[M].2版.北京:人民出版社,1995:2.
④ 中共中央马克思恩格斯列宁斯大林著作编译局.马克思恩格斯选集:第一卷[M].2版.北京:人民出版社,1995:1.

除了对自然的附魅,而且也消解了作为人的神圣形象的自我异化的"上帝",宗教失去了其精神力量,物成为整个社会的支配性力量。对物的依赖虽然使人的精神生活摆脱了神性和理性的束缚,人的感性欲求得到了前所未有的解放,但是事实上,人的对象化力量及物化逻辑反过来确立和支配了人的精神。在当下的西方社会存在这样一种趋势,消费主义的盛行、科技理性的片面化发展、大众文化的影响以及商业资本的控制成为他们所处社会的主导性力量,形塑着一些人的精神生活。在这种物化的社会关系下,一些人的精神生活呈现出外在的感性化和对物的过分依赖的倾向,社会生活也越来越趋向于世俗化,传统价值观念日益淡化,这些人被笼罩在实证主义、物质主义和功利主义的价值观之下,与物化逻辑直接同一实现自我确认和自我认同。物化现象在观念上所反映的实质就是拜物教。物化时代的价值观即虚无主义,而拜物教则是虚无主义的"宗教"。[①] 在马克思看来,物化时代的拜物教不过是"感觉欲望的宗教",人们通过无穷尽的物质欲望占有和感官享受达到精神上和心理上的满足,它远不能把人提高到自身感觉欲望之上。如果西方传统社会只是对崇高与神圣精神的纯粹崇拜,那么,现代西方社会商品拜物教则是对物无条件地占有与逐求,人们不再沉思意义和寻找内心的宁静,也只能陷入外在化的感觉和欲望的刺激及满足之中无法自拔,只剩下占有的冲动和没有占有的焦虑,陷入精神的虚无与绝望。海德格尔充满忧虑地说:"大地上精神沦落已行进得如此之远,各民族已处于失去其最后的精神力量的危险中。"[②]当一些人与终极实在的联系隔断之后,信仰的虚无主义就会不断地延伸到社会生活的诸多领域,并且陷入更为严重的意义危机。从尼采宣告"上帝死了",福柯又宣告"人也死了"。以追求世俗之物为最高价值的一些人在失去了终极价值和人生的意义之后,根本无法实现自我确证和自我认同,最终陷入虚无的结局。

---

① 邹诗鹏.现时代精神生活的物化处境及其批判[J].中国社会科学,2007(5):61.

② 海德格尔.形而上学导论(新译本)[M].王庆节,译.北京:商务印书馆,2015:43.

在马克思的哲学视域里,信仰不再是通过外在于自身的神化的或物化的方式来实现,而是通过探索人类的生存发展过程所敞开的共产主义信仰,是以"人"为中心的,总是以人的方式理解人,关心人,为了人,并且以实现人的解放和自由而全面发展为终极目标的。它立足于人现实的生存处境,把价值理想建立在坚实的现实的基础上,揭开了宗教信仰的虚幻性和神秘性的面纱,改变了以往信仰所具有的外在性和实体化的形式,将人从外在于人并且束缚人的精神慰藉的枷锁中解放出来,使信仰真正成为主体自我意识精神力量的强大动力和变革人自身生存境遇的价值信念,也使主体的本质力量的现实性得到表征和确证。这样一种终极关怀是以批判现实和超越现实来实现的,它将转化为人内在而超越的精神自觉,内蕴于人在自由自觉的实践活动中挺立起存在的勇气和坚定的精神信念,指引着人类不断地向着实现人的解放和自由而全面发展迈进的无限的价值理想,这样,以"人的解放和自由而全面发展"的信仰理念为核心的共产主义信仰,将成为对抗精神虚无主义的有力"武器"。

二、立足于人自身内在超越的终极关怀

人是具有双重生命的存在,人除了是一种自然性的存在,人还依赖自然,要满足于自身肉体的生存需要;人还是一种超自然性的存在,还要满足自我内在超越性精神生活的需要,这也是人与动物的重要区别,动物生存而人则生活。对人而言,对自我内在超越性精神的需求即是信仰,对信仰的追寻就是追寻意义,寻求崇高,超越有限的现实而通达无限。作为失落了主体自我意识的宗教信仰,在现实生活世界中却被人所迷恋与崇拜,这恰恰说明了人在有限的生命中,存在着对终极、无限和绝对的内在渴望,人需要在内在的超越的精神追求中确证自己、完善自己与实现自己。人们内心深处渴望有信仰、有目标、有意义的生活,因为有信仰的生活人们才不至于陷入精神的虚无和绝望,才能以崇高的价值理想和无限的意义关怀向人生更高的阶段迈进。

西方传统的信仰观总是表现为一种极端外在的价值态度,以对彼岸

性的、外在于人的神圣和崇高本体作为人的追求,把有限的东西看作是没有生命的、没有意义的,用超验性的、抽象的、虚幻性的宗教力量来麻醉自我,最终使人陷入极端外在化的价值境界中。在外在超越的价值态度中,人的生命存在的意义和价值是从独立于人自身之外的本体,先在的设定中去寻求绝对的确定性和终极的根据,这种确定性的获得不仅使人的真实本性被这种抽象的存在规定性所遮蔽,而且也使人被抽象化和异化了,人成为有限的人和无差别的人,并且这种极端外在的超越态度使信仰成为异化的信仰。而现代西方社会到处都充塞着物质欲望,人们越发渴望获得意义感和崇高感,以此挺立起自身存在的意义和价值,企盼在信仰中体悟到无限的人生意味和高远的价值关切,希冀在有限中感受到无限,在对有限性的超越中赋予无限的意义指向性。人类的精神世界在经历了信仰的坍塌和意义的虚无之后,必然追求一种内在本己性的崇高精神,这种内在本己性的崇高精神就是立足于人内在的超越的终极关怀,这也是信仰精神所表达的真正内涵和对抗信仰虚无的根本之所在。

立足于人内在的超越的终极关怀,首先,体现的是人的生命本性的自我实现和自我确证。对于主体而言,人作为可以自主支配自己生命活动的存在,总是在自由自觉的实践活动中,自我肯定、自我完善和自我实现的。在信仰的活动中,人不断地实现着自我的内在超越,使失落着的自我异化的异己力量重新归还于人的主体性和能动性。其次,作为人内在的超越性的信仰精神,是在否定中实现的自我肯定。信仰本身所具有的终极性和意义性指向性,并不是虚幻的、神秘的和外在的无根基的虚无,而是在摒弃了虚妄的怀疑和独断建立在坚实的理性基础之上的超越。这种对理性的内在超越敞开的无限的终极指向性,将信仰包容于自身之内,人们以一种对现实的否定形式为中介而实现对否定的扬弃,在不断的自我否定中实现对自身的肯定,这种否定并不指向"恶的无限",也不归于虚无,而是建立在真实根基基础上的一种内在的超越性。再次,信仰并不是外在地超越有限,而是以内在的自由自觉的生命活动为真实根基的,具有辩证的张力意识,在实现生命活动的意识中,实现自身有限性与不完满性的超越,这种超越不会因其与无限性对立而遭遇知性的否定,而是在有限中包含无限,在通达无限的旅程中实现着对自身有限性的否定,在不断的提升中敞开。这种内在的超越精神消解了存在着的空虚,同时也化解了存在性的焦虑,使人真正获得内在坚定的力量,能动地创造自己的生活,追求自由个性。

历史唯物主义并不是"没有灵魂"的物质主义,也不是追求物质享乐的纵欲主义,历史唯物主义所敞开的科学的和崇高的共产主义信仰,立足于人内在超越的终极关怀,它既使人们告别了西方传统有神论那种自我意识异化的神圣性存在,也不至于使人在对外在之物的追求中无法自拔,而是挺立起了人超拔向上的信仰精神境界。追求这一崇高目标的过程就是人的崇高精神的内在实现,也就是人在追求自我的实现,在这里人的真善美得到最大程度的统一和彰显,成为人自我发展和自我实现的价值关怀。人们以诗意之思、无限想象和内在体验来传达有限与无限、真与善,觉解生命的神圣而崇高的意义,实现生命意义的升华和自我人格的提升,感受天人合一的审美境界,感知生命的宽广和崇高气息,从而获得人的意义感和崇高感。在这个意义上,自然也就超越了精神的虚无与绝望。

三、所敞开的崇高的共产主义信仰精神

无神论并不等于虚无主义。历史唯物主义所敞开的科学的共产主义信仰,是马克思通过对人类生存发展进程的客观规律所表达的关于人的解放和自由而全面发展的真理,同时也敞开了崇高而神圣的信仰精神,具有无限的、绝对的意义指向性。科学的共产主义信仰,是立足于现实的生活世界,关注现实的人及人的现实的生存处境,它追求的社会理想并不是超凡脱俗的彼岸世界,它所追求的信仰既不像宗教信仰那样要舍弃人的生活世界及人的生存,去追寻某种虚幻的价值境界,也不像物化的信仰——拜物教来证明和确证自我的存在,去追寻某种外在的、缺

乏超越性的价值理想,而是立足在现实的基础之上,关注人真实的生存处境,在对现实的批判和省思中,通过人的创造性的实践活动得以实现的。它对人们有着强大的吸引力和感召力,可以作为一种价值的指引,唤醒沉睡的人们,使他们从理想信念的失落中走出来,使人们共同为改变社会现实和现实的生存处境,为实现人的自由而全面的发展而奋斗,它是向着人类精神形而上学追求的终极之境迈进。

共产主义信仰作为关于人的解放和自由而全面发展的无限完美的理想境界,是神圣和崇高的,是源于对资本主义社会历史现实的深刻批判,它并不是一种理论预设和彼岸的乌托邦的幻想,而是要求此岸世界的实现。它是源于现实和经验并基于历史发展逻辑的科学把握的价值理念,是信仰精神与科学精神的内在统一,是具有现实性的精神追求,体现的是人的本性的复归与人类历史的真正开始。

马克思坚决批判空想社会主义理论,认为它是一种主观的设定,是完全脱离现实的,不是从现实出发的,而是纯粹的理论空想。马克思也坚决批判那种通过内心世界自我意识的忏悔就会实现精神救赎的做法。在马克思看来,"共产主义对我们来说不是应当确立的状况,不是现实应当与之相适应的理想"①,而是建立在对现实展开无情批判基础上的,"消灭现存状况的现实的运动"②,在这个现实的运动中,资本主义社会显现的各种矛盾才会逐步得到合理的解决,才能使人摆脱抽象存在的统治和人的异化的生存处境,从而走出精神的虚无主义困境。共产主义是作为否定的否定的肯定,因此,"它是人的解放和复原的一个现实的、对下一段历史发展来说是必然的环节"③。共产主义对现存状况的消灭,绝不是纯粹的否定和批判,而是摒弃一切危害人的生命本性、践踏侮辱

---

① 中共中央马克思恩格斯列宁斯大林著作编译局. 马克思恩格斯选集:第 一卷[M]. 2版. 北京:人民出版社,1995:87.

② 中共中央马克思恩格斯列宁斯大林著作编译局. 马克思恩格斯选集:第一卷[M]. 2版. 北京:人民出版社,1995:87.

③ 中共中央马克思恩格斯列宁斯大林著作编译局. 马克思恩格斯文集:第一卷[M]. 北京:人民出版社,2009:197.

人尊严的物质关系和思想观念,辩证地继承优良传统文化,从而它的肯定和否定的标准就在于历史的进步和人的幸福的最大化。

尽管共产主义作为一个神圣而崇高的目标和希望,为人的存在提供无限的终极关怀,但也不像西方传统有神论信仰那样是等待的与救赎的,而是为人类的信仰精神灌注了主体实践的能动性和创造性,具有实践性的内在品格。实现人的思想之独立和精神之自由的根本并不是靠单纯的物质主义,也不是靠外在的、抽象的精神本身,而是存在于人的实践活动之中。因此,自由的精神生活和信仰世界,不能只停留在物质财富的富足和内在意识的形而上学沉思上,还必须通过改变现实社会生活和社会关系的整体性,在客观历史过程中不断创造条件。在马克思看来,真正的自由王国必须建立在必然王国的基础上,但它不是为了占有物质财富,而是"以发展人的能力为目的本身",超越纯粹的物质主义和外在抽象的精神观念,在重新控制物的力量的基础上提升人的自由个性,实现自然主义与人道主义的完全统一,这也是历史唯物主义关于人的解放和发展的崇高理想。①

在历史唯物主义看来,共产主义不像传统信仰精神仅仅表现为个人化和主观化,也不是神秘主义和外在的抽象的社会理想和价值关怀,而是将人之为人的崇高性建立在现实的社会生活,人只有在社会生活中才能实现其自身存在的意义和价值。共产主义破除了造成虚无主义的现实根源和制度基础,废除了资本主义私有制,把人从"个人受抽象统治"的异化和无意义感的生存处境中解放出来,摆脱了资本主义虚假性的意识形态的束缚,破除资本逻辑的宰制和霸权,通过"改变世界"的方式,对现存的一切进行无情地批判,从而彻底地摒弃了传统形而上学对超验价值、意义和真理的理论预设,破除虚无主义的思想根源,真正把"人的本质归还给人",真正实现人的解放和自由而全面的发展。在马克思看

---

① 庞立生.历史唯物主义与信仰精神的革命性变革[J].哲学研究,2020(9):16.

来，"共产主义是对私有财产即人的自我异化的积极的扬弃"①。只有在共产主义社会里，消灭了私有制，人才能真正占有人的生命本性，才能实现人的独立性和个性的复归，才能实现人真正意义上的自由和平等。共产主义作为对私有制的积极扬弃，也就将劳动从资本逻辑的抽象统治与压制下解放出来，重新将劳动恢复为人的自由自觉的创造性活动，劳动不再是被迫的和强制的，而成为真正实现人的创造性的价值。对马克思而言，人的真正的解放和自由，就是要从物质力量的必然性的统治中超拔出来才能实现，从偶然性的个人上升为社会的整体性。共产主义是自由人的联合体，一切人的自由是以每个人的自由发展为前提条件，并按人的方式来组织的社会形式。在这里，人类既摆脱了对"人的依赖关系"，又摆脱了对"物的依赖关系"，每个人都完全占有人的本质，完全实现了人的"自由个性"的充分发展，人与自然、人与社会以及人与自身之间的关系都是和谐的、平衡的。这样，共产主义的信仰精神以社会的整体性敞开了人类对美好社会的崇高埋想和价值关切，实现了自然主义与人道主义彻底的统一。

总之，共产主义信仰作为关于人的解放和自由而全面发展的无限完美的理想境界，它所敞开的价值旨趣并不是归于某种实体，也不是外在于人的某个终点，是经由人自身的内在超越而具有无限的终极指向性的价值理想。"真正的信仰作为内在超越的精神追求，是在实践改造世界的基础上所实现的人生境界的跃迁，是人的社会性本质不断提升从而赋予自己的存在以更为普遍的社会意义的创造过程，是人类精神在实践的历练中自我升华而趋赴自由和崇高的伟大事业。"②共产主义信仰是神圣的和崇高的，但是这种神圣和崇高与传统有神论的信仰观不同，没有任何神秘的东西，它并不是抽象的、虚幻的和外在的，也不是凭空想象出

---

① 中共中央马克思恩格斯列宁斯大林著作编译局.马克思恩格斯文集:第一卷[M].北京:人民出版社,2009:185.

② 庞立生.历史唯物主义与信仰精神的革命性变革[J].哲学研究,2020(9):18.

来的,而是在对一切进行无情的批判中确立起来的,是在不断的实践发展的进程中敞开的崇高性与神圣性。正是这样一种信仰,它点燃了人内心的光,照亮了人的存在,使人从有限的存在的现实困境中看到了无限的希望,从而获得了存在的勇气。人们把实现共产主义作为其为之持续努力的一种终极目标,全身心地投入到实现这一目标的过程之中,这样不仅驱散了内心的恐惧和黑暗,由此也获得内在坚定的力量和不断前行的勇气,从而可以直面虚无和对抗虚无,从过程中体验到生命的意义和存在价值。共产主义信仰,把理性的批判精神和信仰的绝对意识内在统一,实现了理性和信仰的和解。共产主义作为一种价值理想和终极追求,可以在理想与现实之间、神圣性与世俗性之间保持辩证的张力,共产主义信仰是马克思超越虚无主义真正的价值旨归,为当代人类社会的价值建构指明了方向。

历史唯物主义所敞开的共产主义信仰,作为关于人的解放和自由而全面发展的价值理想,不仅是对人类历史发展境界的精神自觉,也是对人类发展的必然性与应然性的信念的理性表达,它为人类的精神生活注入了内在的坚定性,使人获得了存在的勇气与信心,也为现代社会不仅仅是超越虚无主义,而且是超越精神困境等等一系列问题提供了坚实的根基。历史唯物主义所敞开的价值理想,它所做的自然主义与人道主义统一的承诺,以及自由个性精神生活的实现,不仅为现代人指出了实践确证的正确方向,也为现代社会精神家园的建设提供了巨大的信念引领价值。

结　语

　　诞生于百年前的马克思主义哲学,在当今时代是否依旧重要?回答当然是肯定的。目前国内外学界对于马克思主义哲学的重视、学习和研究的热情高涨,不断拓宽理论视野并进行多重解读,特别是将马克思主义哲学放置于整个现代哲学的框架下,进一步深入发掘其深刻理论内涵,更加凸显出马克思主义哲学弥足珍贵的思想价值。当然我们应当承认,马克思主义哲学的诞生有其特定的时代背景,要使其随着实践的发展不断地与时俱进,丰富发展。马克思对现代资本主义社会的无情批判和对人类解放和人类未来发展现实道路的探索,有着深刻的历史洞见和前瞻性,因此,马克思主义哲学所具有的强大生命力和感召力还在不断地延伸和迸发,不但在今天没有过时,而且为现代社会的诸多社会问题提供了独特的批判视角和解决路径,具有重大的理论意义和现实意义,这也意味着马克思主义理论必然成为"时代的哲学"。正如德里达所说,人类不能没有马克思,没有马克思,没有对马克思的记忆,没有马克思的遗产,也就没有将来。①

　　历史唯物主义作为马克思主义哲学的核心思想,有着强大的思想效应和精神内涵。首先,它是奠基在实践活动基础上的现代新唯物主义的世界观,与西方传统形而上学最大的不同就在于,它把人从实体本体化的世界中解放出来,把人的现实生活世界归还给人,内在蕴含着一种彻

---

　　① 德里达.马克思的幽灵:债务国家、哀悼活动和新国际[M].何一,译.北京:中国人民大学出版社,1999:21.

底的无神论精神。其次,历史唯物主义是现代性资本主义社会的批判理论,马克思关注现实的人及其现实的生产实践活动,马克思对以私有制为主体的资本主义工业社会"个人受抽象统治"、人的异化或物化生存处境进行了无情的批判,马克思就是要推翻侮辱、奴役、遗弃、蔑视人的一切关系,揭露人在现实生活世界的真实处境及其根源,最终实现自然主义与人道主义的统一。再次,马克思通过对人类生存发展进程的历史唯物主义考察所表达的关于人的解放和自由而全面发展的崇高而神圣的科学的共产主义信仰具有无限的和绝对的意义指向性,它立足于人自身内在超越的终极关怀,在理想与现实之间、神圣性与世俗性之间、相对与绝对之间保持着辩证的张力意识,为人的存在注入了强劲的精神力量,也为自身意义和价值的实现找到了坚实的根基。历史唯物主义所具有的深刻内涵和独特价值,在分析、批判和超越虚无主义问题上成为重要的理论基础和思想依据。

　　基于以上考虑,本书立足于历史唯物主义,首先分析现代人的虚无主义处境,一些人没了信仰、没有了为之奋斗的(目标)理想、没有了生活的意义,必然遭遇虚无主义。通过分析和揭示虚无主义产生的思想根源与社会现实根源,结合理论批判与现实考察以及对虚无主义的积极克服等内容,将马克思主义哲学与虚无主义的时代课题联系起来。虚无主义作为一个现代性问题,与西方传统形而上学有着密切关联,同时也是西方思想观念和现代文明发展的必然产物和必经阶段。也就是说,现代理性启蒙精神在孕育着现代文明的同时,也必然导致了诸如信仰的缺失、形而上的迷失、人生的意义和价值失落、人与自我的疏离等等一系列精神生活的危机与困境。正是在对整个资本主义社会的现实批判和审视中,实现了对虚无主义的批判和超越,尽管马克思并没有直接提出"虚无主义"的字眼,但是他在对资本逻辑的批判、资本主义制度的批判、人与人之间的社会关系的政治经济学批判中,已经深刻地揭露了虚无主义产生的现实根源,同时敞开了超越虚无主义的一种可能性路径。这不仅彰显了马克思哲学的革命性变革,也凸显了历史唯物主义在现时代社会的重要理论意义和现实价值。

自现代以来,虚无主义就不断地被一些思想家称为人类精神文化的根本处境。自尼采之后的许多现代、后现代西方哲学家曾通过各种方式寻求克服虚无主义的路径,有人提出通过哲学的方式,有人提出回归传统,有人提出宗教救赎,还有人提出通过道德的反思来遏制虚无主义,但是这些方式似乎陷入另一种形而上学之中,都未能真正解决人安身立命之本的问题。他们之所以未能超越虚无主义,原因在于,从总体看来,他们还只是停留于观念层面和理论内部进行省思和批判,单纯从文化精神层面来解决虚无主义问题还远远不够,必须观照人的现实生活世界,从人的现实出发并回归于人的现实,从解释世界上升为改变世界,以实践的思维方式看待人类社会历史的进步,充分彰显和确立历史唯物主义的价值信念,树立科学共产主义的价值理想,从而为深刻理解和把握现时代社会虚无主义困境,提供一种可能的现实之路。

中国的现代性建构也会不同程度地遭遇虚无主义的困扰,特别是在全球经济互联以及社会转型时代,这种困扰就更为明显。有学者指出,"近百年来中国的现代化道路,同样也是一条内在地拒绝资本主义物化处境并克服虚无主义的历史道路"①。中国具有悠久的历史文化传统和背景,从中国的实际情况来看,克服虚无主义的关键在于,弘扬优秀传统文化,扬长避短,发挥优势,加强马克思主义的指导地位,培育和践行社会主义核心价值观,树立科学共产主义的价值理想。

---

① 邹诗鹏.现时代精神生活的物化处境及其批判[J].中国社会科学,2007(5):63.

参考文献

著作类：

[1]中共中央马克思恩格斯列宁斯大林著作编译局.马克思恩格斯文集:第一卷[M].北京:人民出版社,2009.

[2]中共中央马克思恩格斯列宁斯大林著作编译局.马克思恩格斯文集:第二卷[M].北京:人民出版社,2009.

[3]中共中央马克思恩格斯列宁斯大林著作编译局.马克思恩格斯文集:第三卷[M].北京:人民出版社,2009.

[4]中共中央马克思恩格斯列宁斯大林著作编译局.马克思恩格斯文集:第四卷[M].北京:人民出版社,2009.

[5]中共中央马克思恩格斯列宁斯大林著作编译局.马克思恩格斯文集:第五卷[M].北京:人民出版社,2009.

[6]中共中央马克思恩格斯列宁斯大林著作编译局.马克思恩格斯文集:第六卷[M].北京:人民出版社,2009.

[7]中共中央马克思恩格斯列宁斯大林著作编译局.马克思恩格斯文集:第七卷[M].北京:人民出版社,2009.

[8]中共中央马克思恩格斯列宁斯大林著作编译局.马克思恩格斯文集:第八卷[M].北京:人民出版社,2009.

[9]中共中央马克思恩格斯列宁斯大林著作编译局.马克思恩格斯文集:第九卷[M].北京:人民出版社,2009.

[10]中共中央马克思恩格斯列宁斯大林著作编译局.马克思恩格斯文

集：第十卷[M].北京：人民出版社,2009.

[11]中共中央马克思恩格斯列宁斯大林著作编译局.马克思恩格斯选集：第一卷[M].2版.北京：人民出版社,1995.

[12]中共中央马克思恩格斯列宁斯大林著作编译局.马克思恩格斯选集：第二卷[M].2版.北京：人民出版社,1995.

[13]中共中央马克思恩格斯列宁斯大林著作编译局.马克思恩格斯选集：第三卷[M].2版.北京：人民出版社,1995.

[14]中共中央马克思恩格斯列宁斯大林著作编译局.马克思恩格斯选集：第四卷[M].2版.北京：人民出版社,1995.

[15]中共中央马克思恩格斯列宁斯大林著作编译局.马克思恩格斯全集：第一卷[M].北京：人民出版社,1956.

[16]中共中央马克思恩格斯列宁斯大林著作编译局.马克思恩格斯全集：第二卷[M].北京：人民出版社,1957.

[17]中共中央马克思恩格斯列宁斯大林著作编译局.马克思恩格斯全集：第三卷[M].北京：人民出版社,1960.

[18]中共中央马克思恩格斯列宁斯大林著作编译局.马克思恩格斯全集：第十二卷[M].北京：人民出版社,1962.

[19]中共中央马克思恩格斯列宁斯大林著作编译局.马克思恩格斯全集：第二十三卷[M].北京：人民出版社,1972.

[20]中共中央马克思恩格斯列宁斯大林著作编译局.马克思恩格斯全集：第二十五卷[M].北京：人民出版社,1974.

[21]中共中央马克思恩格斯列宁斯大林著作编译局.马克思恩格斯全集：第三十卷[M].北京：人民出版社,1974.

[22]中共中央马克思恩格斯列宁斯大林著作编译局.马克思恩格斯全集：第三十一卷[M].北京：人民出版社,1972.

[23]中共中央马克思恩格斯列宁斯大林著作编译局.马克思恩格斯全集：第四十卷[M].北京：人民出版社,1982.

[24]中共中央马克思恩格斯列宁斯大林著作编译局.马克思恩格斯全

集:第四十一卷[M].北京:人民出版社,1982.

[25]中共中央马克思恩格斯列宁斯大林著作编译局.马克思恩格斯全集:第四十二卷[M].北京:人民出版社,1979.

[26]中共中央马克思恩格斯列宁斯大林著作编译局.马克思恩格斯全集:第四十四卷[M].北京:人民出版社,1982.

[27]中共中央马克思恩格斯列宁斯大林著作编译局.马克思恩格斯全集:第四十六卷:上册[M].北京:人民出版社,1979.

[28]中共中央马克思恩格斯列宁斯大林著作编译局.马克思恩格斯全集:第四十六卷:下册[M].北京:人民出版社,1980.

[29]中共中央马克思恩格斯列宁斯大林著作编译局.马克思恩格斯全集:第四十七卷[M].北京:人民出版社,1979.

[30]中共中央马克思恩格斯列宁斯大林著作编译局.资本论:第一卷[M].2版.北京:人民出版社,2004.

[31]中共中央马克思恩格斯列宁斯大林著作编译局.资本论:第二卷[M].2版.北京:人民出版社,2004.

[32]中共中央马克思恩格斯列宁斯大林著作编译局.资本论:第三卷[M].2版.北京:人民出版社,2004.

[33]马克思.1844年经济学哲学手稿[M].中共中央马克思恩格斯列宁斯大林著作编译局,编译.3版.北京:人民出版社,2000.

[34]马克思,恩格斯.德意志意识形态[M].中共中央马克思恩格斯列宁斯大林著作编译局,编译.北京:人民出版社,2018.

[35]中共中央马克思恩格斯列宁斯大林著作编译局.恩格斯论宗教[M].北京:人民出版社,2001.

[36]列宁.哲学笔记[M].中共中央马克思恩格斯列宁斯大林著作编译局,译.北京:人民出版社,1956.

[37]中共中央马克思恩格斯列宁斯大林著作编译局.斯大林选集:下卷[M].北京:人民出版社,1979.

[38]费尔巴哈.费尔巴哈哲学著作选集:上卷[M].荣震华,李金山,等,

译.北京:商务印书馆,1984.

[39] 费尔巴哈.费尔巴哈哲学著作选集:下卷[M].荣震华,王太庆,刘磊,译.北京:商务印书馆,1984.

[40] 柏拉图.理想国:权威全译本[M].郭斌和,张竹明,译.北京:商务印书馆,2019.

[41] 亚里士多德.形而上学[M].吴寿彭,译.北京:商务印书馆,2009.

[42] 亚里士多德.尼各马可伦理学[M].廖申白,译注.北京:商务印书馆,2003.

[43] 康德.纯粹理性批判[M].邓晓芒,译.北京:人民出版社,2004.

[44] 康德.实践理性批判[M].邓晓芒,译.北京:人民出版社,2003.

[45] 康德.历史理性批判文集[M].何兆武,译.北京:商务印书馆,2017.

[46] 黑格尔.小逻辑[M].贺麟,译.北京:商务印书馆,2017.

[47] 黑格尔.精神现象学:上卷[M].贺麟,王玖兴,译.2版.北京:商务印书馆,1979.

[48] 黑格尔.精神现象学:下卷[M].贺麟,王玖兴,译.北京:商务印书馆,1979.

[49] 黑格尔.法哲学原理[M].范扬,张企泰,译.北京:商务印书馆,1961.

[50] 黑格尔.哲学史讲演录:第二卷[M].贺麟,王太庆,译.北京:商务印书馆,1960.

[51] 尼采.悲剧的诞生[M].孙周兴,译.北京:商务印书馆,2011.

[52] 尼采.权力意志——重估一切价值的尝试[M].张念东,凌素心,译.北京:商务印书馆,1991.

[53] 尼采.权力意志1885—1889年遗稿[M].孙周兴,译.北京:商务印书馆,2007.

[54] 尼采.上帝死了——尼采文选[M].戚仁,译.上海:上海三联书店,1997.

［55］尼采.快乐的科学［M］.黄明嘉,译.桂林:漓江出版社,2000.

［56］尼采.查拉斯图拉如是说［M］.尹溟,译.北京:文化艺术出版社,1987.

［57］尼采.悲剧的诞生——尼采美学文选［M］.周国平,译.上海:上海人民出版社,2009.

［58］海德格尔.存在与时间［M］.陈嘉映,王庆节,译.北京:商务印书馆,2017.

［59］海德格尔.形而上学导论:新译本［M］.王庆节,译.北京:商务印书馆,2015.

［60］海德格尔.海德格尔选集［M］.孙周兴,选编.上海:生活·读书·新知上海三联书店,1996.

［61］海德格尔.海德格尔文集.尼采:全2卷［M］.孙周兴,译.北京:商务印书馆,2015.

［62］海德格尔.演讲与论文集［M］.孙周兴,译.北京:生活·读书·新知三联书店,2005.

［63］海德格尔.林中路［M］.孙周兴,译,北京:商务印书馆,2020.

［64］加缪.西西弗的神话［M］.刘琼歌,译.北京:光明日报出版社,2009.

［65］加缪.加缪文集［M］.郭宏安,袁莉,周小珊,等,译.南京:译林出版社,2001.

［66］加缪.加缪全集:散文卷Ⅰ［M］.丁世中,沈志明,吕永真,译.上海:上海译文出版社,2010.

［67］加缪.荒谬的人［M］.张汉良,译.广州:花城出版社,1991.

［68］阿尔都塞.保卫马克思［M］.顾良,译.北京:商务印书馆,2016.

［69］哈贝马斯.现代性的哲学话语［M］.曹卫东,等,译.南京:译林出版社,2008.

［70］哈贝马斯.后形而上学思想［M］.曹卫东,付德根,译.南京:译林出版社,2001.

[71]萨特.存在主义是一种人道主义[M].周煦良,汤永宽,译.上海:上海译文出版社,2008.

[72]萨特.存在与虚无[M].陈宣良,等,译.北京:生活·读书·新知三联书店,1997.

[73]洛维特.世界历史与救赎历史[M].李秋零,田薇,译.北京:商务印书馆,2016.

[74]洛维特.从黑格尔到尼采:19世纪思维中的革命性决裂[M].李秋零,译.3版.北京:生活·读书·新知三联书店,2019.

[75]巴雷特.非理性的人[M].段德智,译.上海:上海译文出版社,2012.

[76]卡西尔.人论[M].甘阳,译.上海:上海译文出版社,1985.

[77]施蒂纳.唯一者及其所有物[M].金海民,译.北京:商务印书馆,1989.

[78]西美尔.货币哲学[M].陈戎女,耿开君,文聘元,译.北京:华夏出版社,2002.

[79]西美尔.金钱　性别　现代生活风格[M].顾仁明,译.上海:学林出版社,2000.

[80]弗洛姆.逃避自由[M].刘林海,译.上海:上海译文出版社,2015.

[81]弗罗姆.占有还是生存——一个新社会的精神基础[M].关山,译.北京:生活·读书·新知三联书店,1989.

[82]德里达.马克思的幽灵:债务国家、哀悼活动和新国际[M].何一,译.北京:中国人民大学出版社,1999.

[83]伯曼.一切坚固的东西都烟消云散了——现代性体验[M].徐大建、张辑,译.北京:商务印书馆,2003.

[84]雅斯贝斯.时代的精神状况[M].王德峰,译.上海:上海译文出版社,2013.

[85]胡塞尔.欧洲科学的危机与超越论的现象学[M].王炳文,译.北京:商务印书馆,2001.

[86] 德勒兹. 尼采与哲学[M]. 周颖, 刘玉宇, 译. 北京: 社会科学文献出版社, 2001.

[87] 卡尔. 虚无主义的平庸化: 20 世纪对无意义感的回应[M]. 张红军, 原学梅, 译. 北京: 社会科学文献出版社, 2016.

[88] 贝尔. 资本主义文化矛盾[M]. 赵一凡, 蒲隆, 任晓晋, 译. 北京: 生活·读书·新知三联书店, 1989.

[89] 霍克海默, 阿道尔诺. 启蒙辩证法——哲学断片[M]. 渠敬东, 曹卫东, 译. 上海: 上海人民出版社, 2006.

[90] 霍克海默. 批判理论[M]. 李小兵, 等, 译. 重庆: 重庆出版社, 1989.

[91] 韦伯. 马克斯·韦伯社会学文集[M]. 阎克文, 译. 北京: 人民出版社, 2010.

[92] 韦伯. 新教伦理与资本主义精神[M]. 马奇炎, 陈婧, 译. 北京: 北京大学出版社, 2012.

[93] 约纳斯. 诺斯替宗教: 异乡神的信息与基督教的开端[M]. 张新樟, 译. 上海: 上海三联书店, 2006.

[94] 卡西勒. 启蒙哲学[M]. 顾伟铭, 杨光仲, 郑楚宣, 译. 济南: 山东人民出版社, 1988.

[95] 波德里亚. 消费社会[M]. 刘成富, 全志钢, 译. 南京: 南京大学出版社, 2000.

[96] 卢卡奇. 历史与阶级意识——关于马克思主义辩证法的研究[M]. 杜章智, 任立, 燕宏远, 译. 北京: 商务印书馆, 1992.

[97] 芬德莱. 价值论伦理学——从布伦坦诺到哈特曼[M]. 刘继, 译. 北京: 中国人民大学出版社, 1989.

[98] 伯恩斯坦. 超越客观主义与相对主义[M]. 郭小平, 康兴平, 赵仁方, 等, 译. 北京: 光明日报出版社, 1992.

[99] 麦金太尔. 德性之后[M]. 龚群, 戴扬毅, 等, 译. 北京: 中国社会科学出版社, 1995.

[100] 鲍曼. 后现代伦理学[M]. 张成岗, 译. 南京: 江苏人民出版

社,2002.

[101]罗蒂.哲学和自然之镜[M].李幼蒸,译.北京:生活·读书·新知三联书店,1987.

[102]罗蒂.后形而上学希望[M].张国清,译.上海:上海译文出版社,2009.

[103]赫勒.现代性理论[M].李瑞华,译.北京:商务印书馆,2005.

[104]泰勒.现代性之隐忧[M].程炼,译.北京:中央编译出版社,2001.

[105]格里芬.后现代精神[M].王成兵,译.北京:中央编译出版社,1997.

[106]费耶阿本德.告别理性[M].陈健,柯哲,译.2版.南京:江苏人民出版社,2007.

[107]宾克莱.理想的冲突——西方社会中变化着的价值观念[M].马元德,陈白澄,王太庆,等,译.北京:商务印书馆,1983.

[108]马尔库塞.单向度的人[M].刘继,译.上海:上海译文出版社,2006.

[109]科西克.具体的辩证法——关于人与世界问题的研究[M].傅小平,译.北京:社会科学文献出版社,1989.

[110]哈维.后现代的状况:对文化变迁之缘起的探究[M].阎嘉,译.北京:商务印书馆,2013.

[111]利波维茨基.责任的落寞:新民主时期的无痛伦理观[M].倪复生,方仁杰,译.北京:中国人民大学出版社,2007.

[112]杜宁.多少算够——消费社会与地球的未来[M].毕聿,译.长春:吉林人民出版社,1997.

[113]朱特.沉疴遍地[M].杜先菊,译.北京:新星出版社,2012.

[114]巴利巴尔.马克思的哲学[M].王吉会,译.北京:中国人民大学出版社,2007.

[115]伯林.自由论[M].胡传胜,译.南京:译林出版社,2003.

[116]艾思奇.辩证唯物主义　历史唯物主义[M].3版.北京:人民出版

社,1978.

［117］高清海.高清海哲学文存:1—6卷［M］.长春:吉林人民出版社,1997.

［118］高清海.找回失去的"哲学自我":哲学创新的生命本性［M］.北京:北京师范大学出版社,2004.

［119］孙正聿,等.马克思主义基础理论研究［M］.北京:北京师范大学出版社,2011.

［120］孙正聿.马克思主义辩证法研究［M］.北京:北京师范大学出版社,2012.

［121］孙正聿.思想中的时代:当代哲学的理论自觉［M］.北京:北京师范大学出版社,2013.

［122］孙正聿.理想信念的理论支撑［M］.长春:吉林人民出版社,2014.

［123］孙正聿.马克思与我们［M］.北京:中国人民大学出版社,2018.

［124］孙利天.让马克思主义哲学说中国话［M］.武汉:武汉大学出版社,2010.

［125］孙利天.论辩证法的思维方式［M］.长春:吉林人民出版社,2006.

［126］张世英.中西文化与自我［M］.北京:人民出版社,2011.

［127］俞吾金.重新理解马克思:对马克思哲学的基础理论和当代意义的反思［M］.北京:北京师范大学出版社,2005.

［128］俞吾金.意识形态论［M］.上海:上海人民出版社,1993.

［129］张一兵,蒙木桂.神会马克思:马克思哲学原生态的当代阐释［M］.北京:中国人民大学出版社,2003.

［130］吴晓明,邹诗鹏.全球化背景下的现代性问题［M］.重庆:重庆出版社,2009.

［131］邹诗鹏.虚无主义研究［M］.北京:人民出版社,2016.

［132］刘森林.物与无:物化逻辑与虚无主义［M］.南京:江苏人民出版社,2013.

［133］张有奎.资本逻辑与虚无主义［M］.北京:中国社会科学出版

社,2017.

[134]胡海波,郑弘波,孙璟涛.哲学与人性的观念[M].2版.长春:东北
师范大学出版社,2015.

[135]庞立生,等.当代精神生活的物化问题及其批判[M].长春:吉林
人民出版社,2013.

[136]庞立生.现代性图景与哲学的视界[M].北京:人民出版社,2017.

[137]王艳华.马克思哲学视域中的信仰观变革及其当代价值[M].长
春:东北师范大学出版社,2014.

[138]魏书胜."生命之道"的求索——当代哲学的人类性观念[M].长
春:吉林人民出版社,2006.

[139]周国平.周国平文集.第3卷[M].西安:陕西人民出版社,2005.

[140]周国平.尼采与形而上学[M].北京:新世界出版社,2008.

[141]刘小枫.施特劳斯与古典政治哲学[M].张新樟,游斌,贺志刚,等
译.上海:上海三联书店,2002.

[142]王俊.于"无"深处的历史深渊:以海德格尔哲学为范例的虚无主
义研究[M].杭州:浙江大学出版社,2009.

[143]王升平.自然正当、虚无主义与古典复归:"古今之争"视域中的施
特劳斯政治哲学思想研究[M].广州:广东人民出版社,2014.

[144]杨丽婷.虚无主义的审美救赎:阿多诺的启示[M].北京:社会科
学文献出版社,2015.

期刊类:

[1]费迪耶,丁耘.晚期海德格尔的三天讨论班纪要[J].哲学译丛,2001
(3).

[2]禤明亮.大卫·哈维谈资本的逻辑与全球金融危机[J].国外理论动
态,2010(1).

[3]MYERS D B,邓先珍.马克思与虚无主义问题[J].现代哲学,2011
(2).

[4]伯格,李太斌.社会学:意识的一种形式(下)[J].上海青年管理干部学院学报,2003(1).

[5]高清海.人与哲学[J].求是学刊,1995(6).

[6]高清海.探索新的哲学思维模式[J].求是学刊,2005(5).

[7]高清海,孙利天.马克思的哲学观变革及其当代意义[J].天津社会科学,2001(5).

[8]高清海.论辩证法就是认识论[J].社会科学战线,1983(2).

[9]高清海.再论实践观点的超越性本质[J].哲学动态,1989(1).

[10]孙正聿.历史的唯物主义与马克思主义的新世界观[J].哲学研究,2007(3).

[11]孙正聿.辩证法理论的当代反思[J].教学与研究,1997(2).

[12]孙正聿.辩证法:黑格尔、马克思与后形而上学[J].中国社会科学,2008(3).

[13]孙正聿.历史唯物主义的真实意义[J].哲学研究,2007(9).

[14]孙正聿.怎样理解马克思的哲学革命[J].吉林大学社会科学学报,2005(3).

[15]孙正聿."现实的历史":《资本论》的存在论 [J].中国社会科学,2010(2).

[16]孙利天.论辩证法的人生态度和理想[J].吉林大学社会科学学报,1993(2).

[17]孙利天.价值哲学的困惑与思索[J].吉林大学社会科学学报,2003(5).

[18]孙利天.现代哲学革命和当代辩证法理论[J].哲学研究,1994(7).

[19]王南湜.历史唯物主义何以可能——历史唯物主义之"历史"双重意义的统一性[J].学习与探索,2009(5).

[20]邹诗鹏.现时代精神生活的物化处境及其批判[J].中国社会科学,2007(5).

[21]邹诗鹏.现代性的物化逻辑与虚无主义课题——马克思学说与西方现当代有关话语的界分[J].天津社会科学,2009(3).

[22]邹诗鹏.虚无主义的极致与人的解放问题——重思马克思对虚无主义的批判[J].复旦学报(社会科学版),2015,57(5).

[23]邹诗鹏.现时代虚无主义信仰处境的基本分析[J].江海学刊,2008(2).

[24]邹诗鹏.再论唯物史观与启蒙[J].哲学研究,2011(3).

[25]邹诗鹏.唯物史观对启蒙的超越与转化[J].哲学研究,2008(6).

[26]刘森林.马克思与虚无主义:从马克思对施蒂纳的批判角度看[J].哲学研究,2007(7).

[27]刘森林.虚无主义与马克思:一个再思考[J].马克思主义与现实,2010(3).

[28]刘森林.资本与虚无:马克思论虚无主义的塑造与超越[J].吉林大学社会科学学报,2012,52(5).

[29]刘森林.实践、辩证法与虚无主义[J].哲学研究,2010(9).

[30]吴晓明.论马克思对现代性的双重批判[J].学术月刊,2006(2).

[31]胡海波.精神生活、精神家园及其信仰问题[J].社会科学战线,2014(1).

[32]胡海波.中华民族精神家园的生命精神[J].东北师大学报(哲学社会科学版),2008(3).

[33]庞立生.历史唯物主义与精神生活的现代性处境[J].哲学研究,2012(2).

[34]庞立生.历史唯物主义与信仰精神的革命性变革[J].哲学研究,2020(9).

[35]庞立生,王艳华.精神生活的物化与精神家园的当代建构[J].现代哲学,2009(3).

[36]王艳华.亲近生活与遭遇虚无——信仰向生活世界的回归[J].东北师大学报(哲学社会科学版),2016(2).

［37］王艳华,庞立生.当代辩证法的生存论态度与人文旨趣［J］.东北师大学报(哲学社会科学版),2010(6).

［38］贺来.马克思的哲学变革与价值虚无主义课题［J］.复旦学报(社会科学版),2004(6).

［39］刘福森.马克思主义哲学的主体性原则、实践性原则和社会历史性原则［J］.社会科学战线,1991(3).

［40］刘福森.作为世界观的历史唯物主义——论马克思实现的哲学革命［J］.中共天津市委党校学报,2003(2).

［41］丰子义.历史唯物主义与马克思主义哲学主题［J］.中国社会科学,2012(3).

［42］张奎良.关于马克思人的本质问题的再思考［J］.哲学动态,2011(8).

［43］张奎良.唯物史观与历史唯物主义的生成和特点［J］.马克思主义与现实,2012(2).

［44］张有奎.拜物教之"物"的分析［J］.现代哲学,2015(3).

［45］白刚,付秀荣.作为资本逻辑批判的历史唯物主义［J］.求实学刊,2011,38(6).

［46］唐忠宝,侯才.走出虚无主义:马克思的启示［J］.马克思主义与现实,2014(5).

［47］唐忠宝,石敦国.价值虚无主义的克服与共产主义信仰的重建［J］.理论月刊,2012(8).

［48］唐忠宝,赵癸萍.虚无主义的超越与形而上学的终结——马克思的新唯物主义世界观何以可能［J］.山西师大学报(社会科学版),2014,41(4).

［49］张文涛.虚无主义与现代性批判:尼采与马克思［J］.现代哲学,2015(1).

［50］张永奇.虚无主义的精神图像与民族文化的定向之基——兼论从延续民族文化血脉中开拓前进的逻辑前提［J］.宁夏社会科学,2016

（2）.

[51]余虹.虚无主义——我们的深渊与命运?[J].学术月刊,2006(7).

[52]杨军,梅荣政.历史虚无主义批判:理论和方法[J].思想理论教育
导刊,2015(1).

[53]杨茂明.试析尼采关于虚无主义及其超越的理论[J].江淮论坛,
2006(3).

[54]刘雄伟.马克思与虚无主义[J].福建论坛(人文社会科学版),
2016(1).

[55]杨金华.当代中国虚无主义思潮的多元透视[J].马克思主义研究,
2011(4).

[56]刘宇,吴淑娴.马克思对价值虚无主义的批判及其当代意义[J].科
学社会主义,2012(5).

[57]杨丽婷.论当代中国克服虚无主义的实践资源[J].江苏社会科学,
2015(3).

[58]王志红,朱士群.对中国当代虚无主义思潮的哲学思考[J].河北学
刊,2012,32(2).

[59]仰海峰.虚无主义问题:从尼采到鲍德里亚[J].现代哲学,2009
(3).

[60]李昀.虚无主义、语言和创造性:尼采与德里达的界限[J].现代哲
学,2009(3).

[61]张之沧.论福柯性道德观中的虚无主义[J].伦理学研究,2005
(2).

[62]宋友文.重新理解马克思与形而上学问题——兼驳海德格尔对马克
思"达到了虚无主义的极致"的批评[J].中国人民大学学报,
2012,26(1).

[63]刘春晓.马克思的宗教批判与基督宗教的革命性[J].学术研究,
2009(11).

[64]黄学胜.虚无主义的症状、成因与马克思论虚无主义的克服[J].探

索,2013(3).

[65]陈启能.马克思主义与人的研究[J].山东社会科学,2007(6).

[66]丁立卿.论马克思主义哲学"实践观点"的思维方式[J].社会科学论坛(学术研究卷),2008(1).

[67]周来顺.论西方哲学中上帝观念的演变——从古希腊到近代[J].知与行,2016(2).

[68]杨耕.论辩证唯物主义、历史唯物主义、实践唯物主义的内涵——基于概念史的考察与审视[J].南京大学学报(哲学·人文科学·社会科学),2016,53(2).

[69]衣俊卿.历史唯物主义与当代社会历史现实[J].中国社会科学,2011(3).

学位论文类:

[1]张欢欢.价值虚无主义的批判与超越——现代性背景下马克思的价值之思[D].长春:吉林大学,2015.

[2]马新宇.辩证法的思维方式与价值虚无主义的超越[D].长春:吉林大学,2011.

[3]闫世东.当代中国社会价值虚无现象研究[D].石家庄:河北师范大学,2013.

[4]唐忠宝.虚无主义及其克服:马克思的启示[D].北京:中共中央党校,2013.

[5]杨宏祥.现代虚无主义的生存论批判[D].长春:东北师范大学,2017.

外文类:

[1]GOUDSBLOM J. Nihilism and Culture[M]. New York:Basil Blackwell, 1980.

[2]MUNSTERBERG H. The Eternal Values[M]. Boston and New York:

Houghton Mifflin Company, 1909.

[3] CROSBY D. The Specter of the Absurd: Sources and Criticisms of Modern Nihilism[M]. Albany: State University of New York Press, 1988.

[4] NISHITANI K. The Self-Overcoming of Nihilism [M]. Translated by Graham Parkes and Setsuko Aihara. Albany: State University of New York Press, 1990.

[5] LOWITH K. Martin Heidegger and European Nihilism[M]. Translated by Gary Steiner. New York: Columbia University Press, 1995.

[6] WILSHIRE B. Fashionable Nihilism: A Critique of Analytic Philosophy [M]. New York: State University of New York Press, 2002.

后　　记

本书是 2023 年度黑龙江省社会科学学术著作出版资助项目（2023006 - B）、2023 年度黑龙江省省属本科高校基本科研业务费"黑龙江工程学院博士科研启动基金项目资助"（2023BJ01）成果。

对于存在意义的追问和现实生活世界的关切，一直是我求学以来学习和研究的兴趣。古希腊哲学家苏格拉底曾说过，未经反省的人生是无意义的。的确，在现实生活世界中，人生的意义并不是自明的，需要在反思和实践中加以澄明。本书所呈现出来的，则是我经由马克思主义哲学的思考，特别是以历史唯物主义为视域而从整体上实现的对虚无主义的批判，也是我对精神信仰的真诚反思和真切理解。立足于马克思主义思想之基，从历史唯物主义出发，更能够揭示发端于西方的虚无主义的非科学性与虚假性。

虽然时光的变迁改变着每一个人，但是始终改变不了的是人们对于人生意义的追问。我始终相信人生中总有一种超拔于现实功利主义的精神力量，给人以内在的精神关怀，给人以超越痛苦和逆境的勇气和信念，这种力量闪耀着人性的光辉，使人保持积极向上的心态。在那些曾给予我智慧的启迪和提携我成长的良师益友的身上，我深深感受到了这一点。

一直以来，我对自己能够成为东北师范大学马克思主义学部的学生深感荣幸，为自己能够置身于这样一所开放有容的高校中学习深感自豪。在此，特别感谢我的导师王艳华教授和庞立生教授，两位老师以渊博的学术知识、扎实的理论素养、严谨的治学态度和高尚的师德风范将我带入哲学的殿堂,他们成为我做人做事的标尺,也使我更加明晰人生的目标,他们的教诲使我受益终生。

　　同时,我还要感谢师门的师兄弟姐妹们和学部的老师,在本书的写作过程中,他们给予我许多关心和大力支持。

　　我将珍藏并享受着这份真切的情谊,它将成为我日后从事学术研究和积极进取的精神力量!

李娟

2023 年 10 月于哈尔滨